JICHU KUAIJIXUE ZONGHE MONI SHIXUN

"十二五"普通高等教育本科国家级规划教材

国家精品课程配套用书

基础会计学综合模拟实训

（第四版）

主编　李占国

高等教育出版社·北京

内容提要

本书是高等学校会计学与财务管理专业系列教材之一，是“十二五”普通高等教育本科国家级规划教材、国家级精品课程“基础会计学”配套实验教材的修订版。全书共分6章，分别为：绪论、会计档案的整理与保管、会计交易或事项对应原始凭证的文字表述及账务处理要求与提示、日常会计交易或事项的账务处理要求及原始凭证、产品成本计算及期末会计事项的原始凭证和编制会计报表。本书可与《基础会计学》（第四版）（李占国主编，高等教育出版社）配套使用。本书既可作为高等学校财经类专业教学用书，也可作为广大财会人员培训用书。

图书在版编目（CIP）数据

基础会计学综合模拟实训／李占国主编．—4版．—北京：高等教育出版社，2020.1（2022.12重印）
ISBN 978-7-04-052667-7

Ⅰ．①基… Ⅱ．①李… Ⅲ．①会计学—高等学校—教学参考资料 Ⅳ．①F230
中国版本图书馆CIP数据核字（2019）第182003号

策划编辑 林 荫　责任编辑 金 越　封面设计 张文豪　责任印制 高忠富

出版发行 高等教育出版社
社　　址 北京市西城区德外大街4号
邮政编码 100120
印　　刷 上海盛通时代印刷有限公司
开　　本 889 mm×1194 mm 1/16
印　　张 21
字　　数 460千字
购书热线 010-58581118
咨询电话 400-810-0598
网　　址 http://www.hep.edu.cn
　　　　 http://www.hep.com.cn
网上订购 http://www.hepmall.com.cn
　　　　 http://www.hepmall.com
　　　　 http://www.hepmall.cn
版　　次 2020年1月第4版
　　　　 2010年8月第1版
印　　次 2022年12月第7次印刷
定　　价 57.00元

物 料 号 52667-00

第四版前言

《基础会计学综合模拟实训》作为**“十二五”普通高等教育本科国家级规划教材**，以及**国家级精品课程“基础会计学”**的配套实验教材，自 2010 年 8 月面世以来，得到了广大读者的认可和一致好评。其内容体系安排、编写体例、版式设计和编写风格，开创了此类教材编写的先河，高等教育出版社将其作为教材编写的典范和模板进行推广，成效显著。2017 年以来会计准则及税收法规发生了许多变化，对会计实验教学产生了诸多影响，为此作者对本教材进行了认真的修订。本次修订的主要内容体现在：

第一，体现最新税收法规与会计准则、制度的变化。❶ 按照《财政部、国家税务总局、海关总署关于深化增值税改革的有关政策的公告》(2019 年第 39 号)中“增值税一般纳税人(以下称纳税人)发生增值税应税销售行为或者进口货物，原适用 16%税率的，适用税率调整为 13%；原适用 10%税率的，适用税率调整为 9%”“纳税人购进国内旅客运输服务，其进项税额允许从销项税额中抵扣”等的规定，对本教材中涉及的有关内容进行了调整。

第二，增加了记账凭证填制与账簿登记的示范范例。

第三，以二维码的形式，及时更新内容与勘误。本教材设置了一个“法规、制度最新变化与内容勘误”的二维码，及时添加与更新最新税收法规、会计准则的变化内容及其对教学产生的影响；同时，对教材在使用中发现的错漏进行及时勘误。

通过本书的学习和实训，学生可以快速、全面地将基础会计学的基本知识活学活用并融会贯通：❶ 增强感性认识，包括：**认识“账为何物”，明确“账从何来”、清楚“账有何用”。**❷ 从整体上把握各种核算方法之间的联系，达到进一步提高学生的会计综合职业能力之目的。❸ 培养学生对会计工作的“三心”(耐心、细心、责任心)并强化其会计的“专业意识”。❹ 为“财务会计学”等后续专业课程的顺利学习和将来从事会计工作奠定坚实的基础。

本次修订由上海电机学院李占国教授与上海海洋大学杨德利教授主持。由于作者水平有限，书中难免仍有不妥之处，恳请读者批评指正。

作　者
2020 年 1 月

法规、制度最新变化与内容勘误

第一版前言

会计作为一项管理活动,其基础工作是会计核算工作,而会计核算工作又是一项非常具体和细致的工作。从书中或课堂教学中获得了会计核算知识,并不意味着完全具备了实际会计核算工作的技能,这与会计实务操作还有一定的距离,所以加强会计实训教学就显得非常重要。为了增强学生对会计工作的感性认识,提高学生的会计实务操作能力,培养学生对会计工作的耐心、细心和责任心,解决学生到企业单位实习的困难,进行会计模拟实训就成为“基础会计学”课程教学工作中不可或缺的环节。

本书是上海市特色专业本科重点课程建设项目成果,也是《基础会计学》(2010年版,高等教育出版社)的延伸。本书为学生设置了一个将“会计学基础理论与实务操作相互融合”的模拟情景,要求学生通过手工操作完成模拟情景中经济业务的会计处理。一是可以巩固会计学基础理论知识,加深对会计核算流程各环节和作为一个“会计循环”整体的理解;二是让学生掌握会计学基础基本操作技能,进一步提高学生分析问题和解决问题的综合能力;三是培养学生对会计工作的耐心、细心和责任心,强化财务会计专业的“专业意识”,为后续课程“财务会计学”的学习打基础。

本书特色如下:

(1) 本书模拟了一个经济业务比较简单的企业,以其适量的、不同类别的、较为典型的经济业务,按照会计核算程序进行系统地综合。包括:建账(开设账簿体系)、期初数据过账;依据本期所模拟经济业务的载体(原始凭证)填制和审核记账凭证,依据审核后的记账凭证登记日记账、各类明细账和总账,编制出会计报表的全过程,到完成一个会计循环为止。它有助于学生完整地了解和掌握《基础会计学》教材的内容及各章节之间的联系,加深对会计循环的理解,从而达到初步掌握会计核算基本操作技能的目的。

(2) 本书采用单面印刷和裂线装订形式,便于学生实际操作。

(3) 本书多数表格后面附有与之对应的实际工作中该账表的来源、用途、填写要求或提示,便于教与学。

(4) 本书除另配有教学课件(PPT)外,还另配有真实的账簿格式、手工书写的标准答案,方便教师上课。

本书由李占国、杨德利任主编,孙红、刘爱香、陈瑛、陈淑贤任副主编。主编负责全书的设计、总纂、修改和最终定稿。具体编写分工如下:第一章由杨德利编写;第二章由孙红编写;第三章由刘爱香编写;第四章由陈瑛编写;第五章由陈淑贤编写;第六章由李占国编写。本书凝聚了2005年“基础会计学”国家级精品课程建设小组的集体智慧。在此,对同仁们的辛勤劳动和大力支持表示诚挚的感谢!

尽管我们反复斟酌并数易其稿,但由于作者水平所限,不当之处在所难免,恳请读者批评指正。

作　者

2010年1月

目　　录

第一章　绪　论

一、基础会计学综合模拟实训的意义

基础会计学综合模拟实训，是高等院校会计学和财务管理专业学生职业能力培养的一个技能训练环节，它既是基础会计学理论教学的必要补充，又是后续专业课程理论教学及模拟实验的基础。学生在学完“基础会计学”课程后，应进行一次较为完整、系统的会计核算的实际操作。

作为会计职业能力培养的一项技能实操，本书整合了食品生产企业典型的会计交易或事项，按照会计核算程序，从建账开始，经过填制和审核原始凭证及记账凭证、登记明细账和总账，最后编制会计报表，完成一个会计循环。通过模拟实训：❶ 系统地掌握《基础会计学》教材各章节之间的联系，加深对会计循环的理解。❷ 掌握会计操作的基本技能，锻炼实际工作能力。❸ 培养良好的工作作风和职业素养。

二、基础会计学综合模拟实训的内容

本书以反映企业会计工作的全过程为框架，按照会计核算的流程和环节，设计若干个对会计交易或事项进行账务处理的手工实操项目，构成了基础会计学综合模拟实训的内容。

(1) **认识企业及会计工作**，包括：了解企业基本情况、企业内部会计制度、会计工作组织方式。

(2) **建账**，包括：熟悉建账流程、建立账簿文件、设置会计科目、登记期初金额。

(3) **日常会计交易或事项处理**，包括：银行短期借款、存货采购及付款、固定资产和无形资产购进及付款、一般销售及应收款项的核算等。

(4) **费用的归集分配与成本核算**，包括：材料费用、职工薪酬、折旧费用、水电费用等成本费用的归集与分配以及产品成本的计算。

(5) **期末会计事项的处理**，包括：计提费用、计算结转本月应交的各种税费、信用减值准备、资产减值准备的处理、结转损益、计算利润和利润分配、期末进行试算平衡和对账与结账。

(6) **会计报表的编制**，包括：编制资产负债表、利润表。

(7) **会计档案的归档与保管**，包括：会计凭证的装订及保管，会计账簿及会计报表的装订与保管。

三、模拟实训企业概况

(1) **企业名称、法定代表人、地址及电话：** 东海市童莉食品公司；药童莉；东海市建设路 58 号，34560789。

(2) **注册资金：** 人民币叁仟万元整。其中：**港城投资公司、海虹机械公司分别占股 60%和 40%。**

(3) **开户银行及账号：** 中国工商银行东海市支行(简称“工行东支”)，23004500670089。

(4) **银行预留印鉴及发票专用章：** 开户银行对企业签发票据所盖印鉴进行比对的依据包括公章、法人代表名章、财务专用章、财务负责人名章。“企业营业执照”如图 1－1 所示；“企业预留银行印鉴卡”如图 1－2 所示。

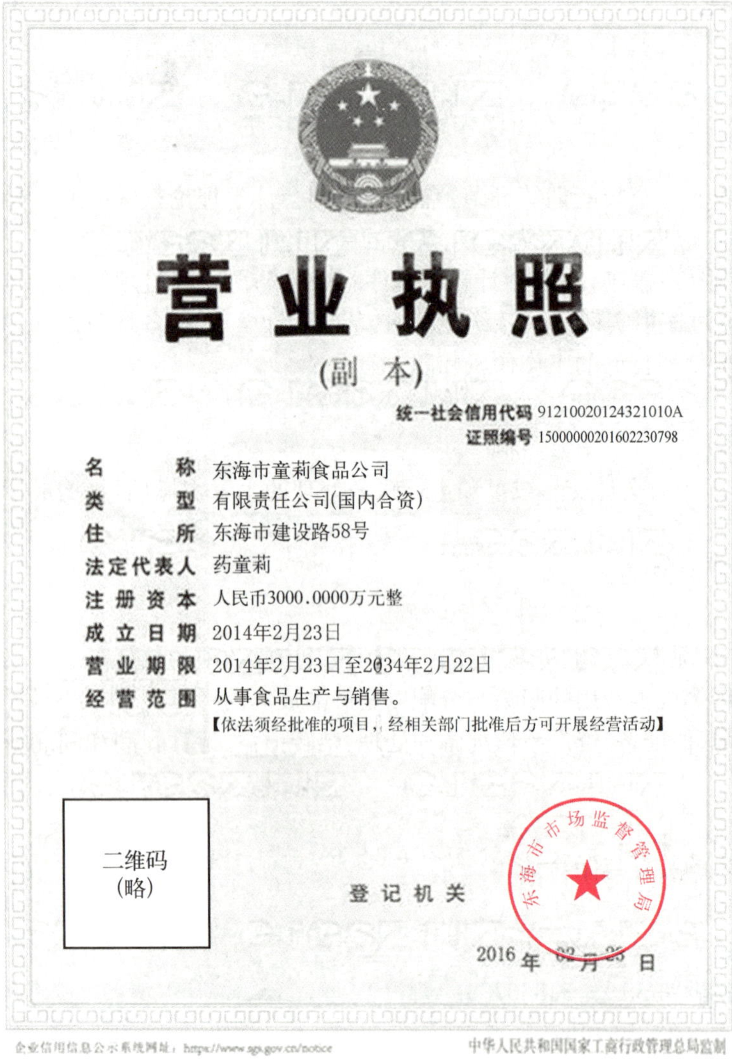

营业执照

(副 本)

统一社会信用代码 91210020124321010A
证照编号 15000000201602230798

名　　称 东海市童莉食品公司
类　　型 有限责任公司(国内合资)
住　　所 东海市建设路58号
法定代表人 药童莉
注册资本 人民币3000.0000万元整
成立日期 2014年2月23日
营业期限 2014年2月23日至2034年2月22日
经营范围 从事食品生产与销售。
【依法须经批准的项目，经相关部门批准后方可开展经营活动】

二维码
(略)

登记机关　东海市市场监督管理局

2016年02月23日

企业信用信息公示系统网址：https://www.sgs.gov.cn/notice　中华人民共和国国家工商行政管理总局监制

图1－1　企业营业执照

中国工商银行东海市支行印鉴卡

账号	23004500670089	账户性质	基本存款账户

东海市童莉食品公司 财务专用章
李凡一印
药莉童印

启用：2014 年 2 月 8 日
注销：　年　月　日
地址：东海市建设路58号
电话：34560789
经办人：王永刚
复核人：冯海霞
备注：

图1－2　企业预留银行印鉴卡

四、模拟实训企业会计核算制度

（一）会计核算形式及凭证账簿组织

1. 会计核算形式

模拟实训企业采用科目汇总表账务处理程序，每半个月编制一次科目汇总表并据以登记总账，明细账根据原始凭证和记账凭证逐笔登记。

2. 记账凭证种类

模拟实训企业使用复式记账凭证，分收款凭证、付款凭证和转账凭证三种类型。记账凭证按月、按类别连续编号。

3. 开设账簿及格式

模拟实训企业开设库存现金日记账、银行存款日记账、总账、明细账。总账和日记账均采用三栏式，明细账根据需要分别选用甲式、乙式和多栏式。

（二）存货核算制度与方法

1. 原材料、库存商品明细核算

❶ 原材料、库存商品明细核算采用账卡合一方式，即在仓库设置一套材料明细账和库存商品明细账。❷ 平时由仓库保管员根据收料单（简称“收”字）、领料单（简称“领”字）、产品入库单（简称“入”字）、产品出库单（简称“出”字）的仓库联登记收发数量。❸ 记账会计每月月末核对收发数量并进行计价。

2. 原材料、库存商品收发的计价

原材料、库存商品的收发均按实际成本计价：❶ 发出单价按全月一次加权平均法计算。❷ 月末一次加权平均单价尾差计入结存金额。

3. “原材料”明细账的登记方法

❶ “原材料”明细账的“收入”栏根据“收料单”（仓库联）登记数量、单价和金额（本教材为节省篇幅只给出财务联，可用财务联替代仓库联，一联两用）。❷ “原材料”明细账的“发出”栏，平时根据“领料单”登记发出数量，并将“领料单”妥善保管。❸ 月末由材料会计根据各材料明细账月初结存数量和金额、本月收入数量和金额，按全月一次加权平均法计算发出材料的单价，用该单价乘以本月领用数量的合计，得出发出材料的金额并登记入账。❹ 月末根据“领料单”分品种、用途或部门汇总其领用数量，再乘以加权平均单价，编制“发料凭证汇总表”。

4. “库存商品”明细账的登记方法

❶ “库存商品”明细账的“收入”栏，平时根据“产品入库单”（财务联替代仓库联）登记收入数量，并将入库单妥善保管。❷ 月末根据“库存商品”明细账中结出的入库数量及“生产成本明细账”中的总成本和单位成本，编制“产品成本计算表”（产品入库单作为该汇总表的附件）。❸ 根据该汇总表登记“库存商品”明细账月末的本月合计行、“收入”栏（或借方栏）的单价和金额。❹ “库存商品”明细账的“发出”栏，平时根据“产品出库单”登记发出数量。❺ 月末根据各库存商品明细账月初结存数量和金额、本月收入数量和金额，按“月末一次加权平均法”计算发出产品的单价，用该单价乘以发出数量合计，登记“库存商品”明细账的“发出”栏的单价和金额。❻ 根据“库存商品”明细账的“发出”栏，编制“主营业务成本计算表”。

（三）固定资产的核算

1 固定资产的分类

固定资产分为“机器设备类”和“房屋建筑类”两大类并按此分类设置二级明细账。

2. 固定资产折旧方法与折旧率

固定资产采用平均年限法分类计提折旧。其中，车间生产设备的月折旧率为 0.8%，车间房屋的月折旧率为 0.4%，管理用设备的月折旧率为 0.6%，管理用房屋的月折旧率为 0.2%。

3. 固定资产修理费用

按现行企业会计准则规定，应予以费用化的固定资产的修理费用一律计入管理费用。

（四）费用与成本

1. 职工福利

❶ 按工资总额的 14%计提并按其用途记入有关成本费用账户（也可以不计提，但其使用应控制在工资总额的 14%以内）。❷ 年末如未用完，应冲销管理费用。

2. 费用分类与成本计算方法

❶ 费用按照经济用途进行分类，其中：直接材料、直接人工和制造费用计入产品成本，其余费用计入期间费用。❷ 采用“品种法”（简单法）计算产品成本。❸ 由于食品生产行业的特点，月末无在产品或在产品较少，为简化核算，假设月末在产品成本为零。❹ 制造费用按生产工人工资比例进行分配。

（五）税金及附加

公司主要需缴纳的税有增值税、城市维护建设税及教育费附加、房产税和企业所得税。

（1）增值税。公司销售各种产品应缴纳增值税，适用增值税税率为 13%，增值税按期预缴（每月 15 日预缴一次），次月 10 日以前缴清。

（2）城市维护建设税及教育费附加。分别按照流转税（本书为应纳增值税）之和的 7%和 3%计算并按月缴纳，次月 10 日以前缴清。

（3）房产税。按年计算，按季预缴并在季末实际缴纳。

（4）企业所得税。企业所得税的计税依据为应纳税所得额，本书假定会计所得额（利润总额）等于应纳税所得额（不需要进行任何调整），所得税税率为 25%，企业所得税“按年计算、按月预计并按月预交、年终汇算清缴”。

（六）坏账准备的计提

年末对应收账款的坏账损失进行估计，并采用“应收账款余额百分比法”调整坏账准备余额。坏账准备的计提比例为应收账款余额的 3%。

（七）损益类账户采用“账结法”

❶ 每月月末将各损益类账户（包括“所得税费用”账户）转入“本年利润”账户，“本年利润”账户各月末余额，即为截至各月末实现的预计净利润总额（已扣除预计所得税费用）。❷ 同时，对损益类账户下属明细账进行年度结账（即“本年累计”），参见范例“主营业务成本”明细账的年度结账。❸ 损益类账户下属明细账 1—11 月累计发生额，已在本教材提供的明细账账页中给出。

（八）利润分配

年末提取法定盈余公积并向投资者分红。

(1) **法定盈余公积。**按照当期税后利润的10%计提法定盈余公积。

(2) **向投资者分红。**根据董事会决定的分配额按投资比例进行利润分配。

五、模拟实训岗位设置及各岗位职责

为使每一位学生都能够将实训内容亲自操作一遍,并理解会计岗位的内部牵制原则,对其进行分组。结合实训操作工作量的大小及每位学生工作量应均衡的要求,各小组成员应进行合理分工。模拟实训企业财务科设置3个岗位(人):❶ 会计主管(兼审核与制单)。❷ 记账会计(登记总账和部分明细账)。❸ 出纳(兼记除债权、债务结算类账户外的部分明细账)。

(一) 会计主管(兼审核与制单)的岗位职责

❶ 审核原始凭证并根据原始凭证编制记账凭证,同时在记账凭证的"制单"处签名或盖章。❷ 根据业务顺序将原始凭证粘贴在记账凭证的后面(注意粘贴时原始凭证应与记账凭证左对齐、上对齐)。❸ 每半个月,填制完记账凭证后,应对所填制的记账凭证进行汇总并编制"科目汇总表"。

(二) 记账会计(登记总账和部分明细账)的岗位职责

❶ 根据记账凭证登记有关明细账。❷ 根据原材料"领料单"登记"原材料明细账"的发出数量栏并结出结存数量。❸ 完成登账工作后,在记账凭证的"√"栏内注明过账符号,并在记账凭证的"记账"处签章。❹ 根据"科目汇总表"登记总账,并在总账栏打勾。

(三) 出纳(兼记除债权、债务结算类账户外的部分明细账)的岗位职责

❶ 根据记账凭证(收款凭证、付款凭证)登记库存现金日记账和银行存款日记账。❷ 根据原始凭证中的"产品入库单"和"产品出库单"登记"库存商品明细账"的收入数量栏和发出数量栏并结出结存数量栏。❸ 完成登账工作后,在记账凭证的"√"栏内注明过账符号,并在记账凭证的"出纳"处签名或盖章。需要特别注意的是:出纳人员不得兼任稽核、会计档案保管和收入、支出、费用、债权债务账目的登记工作。

六、基础会计学综合模拟实训初始建账

(一) 建账流程

将本书附录给出的空白账页及账皮(牛皮纸)沿书脊左侧(上)的撕裁线撕下,并按照以下流程进行建账:**第一步:**预备账页,装订成册。包括:❶ 准备各种账簿(订本式)。❷ 预备有关账页(活页式、卡片式)。❸ 使用账夹装置成册。**第二步:**填写"账簿启用表"。包括:❶ 在"账簿启用表"上填写单位名称、账簿名称、册数、编号、起止页数、启用日期、记账人员和会计主管人员姓名等。❷ 会计人员变动时,应注明交接日期、交接人员及监交人员姓名,并由交接双方签名或盖章,以明确责任。**第三步:**建立账户。包括:❶ 建立总账账户。❷ 建立二、三级明细账户。❸ 结转上期账户余额。**第四步:**顺序编号。包括:❶ 将账簿按顺序编号。❷ 填列账户目录(科目索引)。❸ 贴上账户索引纸(俗称"口取纸")。

(二) 建账方法

1. 库存现金日记账、银行存款日记账的建账方法

根据表1-1所给的期初余额和本书附录所给的空白日记账页登记"库存现金日记账"和"银行存款日记账"的期初余额。日记账的装订方法见本书第二章"二、会计账簿、会计报表的整理装订与存档保管"中的"1. 整理并装订日记账"。日记账的建账方法如图1-3所示。

2. **明细账的建账方法**

❶ 根据表 1－1 所给的各明细账期初余额和本书附录所给的空白明细账账页，按照明细账的目录顺序依次登记甲式账、多栏式明细账和乙式账的期初余额。❷ 特别注意顺序。因为所给明细账的种类、格式、专栏多少、需要登记的内容（行数）多少不同。❸ 明细账的装订方法见本书第二章“二、会计账簿、会计报表的整理装订与存档保管”中的“2. 整理并装订明细账”。❹ 明细账的建账方法如图 1－4 所示。

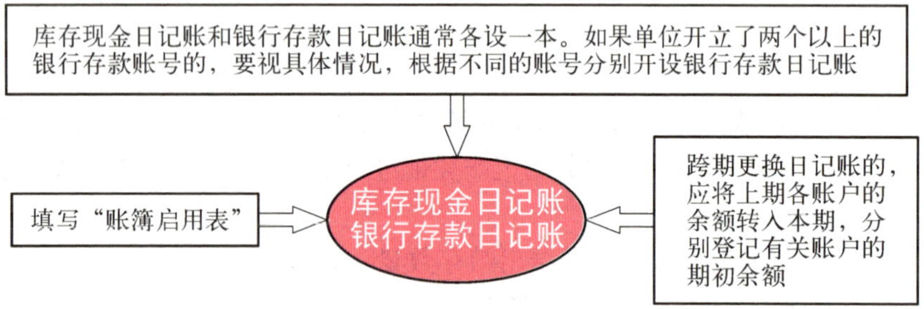

图 1－3　日记账的建账方法

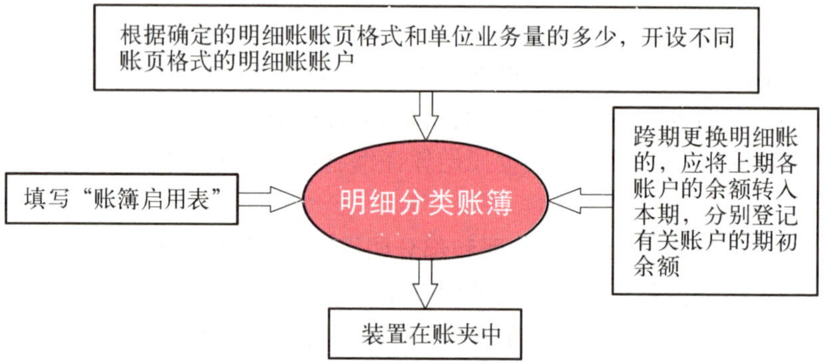

图 1－4　明细账的建账方法

3. **总账的建账方法**

❶ 根据表 1－1 所给的各总账期初余额和本书附录所给的空白总账账页，按照总账的目录顺序依次登记各有关总账的期初余额。❷ 总账的装订方法见本书第二章“二、会计账簿、会计报表的整理装订与存档保管”中的“3. 整理并装订总账”。❸ 总账的建账方法如图 1－5 所示。

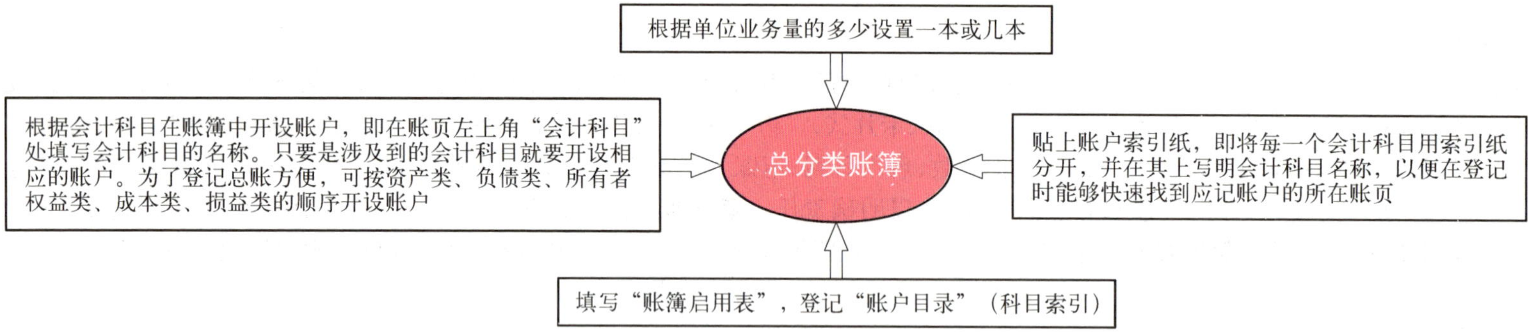

图 1－5　总账的建账方法

（三）建账数据与所需账簿（页）格式

东海市童莉食品公司 2019 年 12 月的总账、明细账的月初余额及相关资料如表 1－1 至表 1－3 所示。

表 1-1　　**东海市童莉食品公司有关总账及明细账 12 月月初余额表**　　单位：元

序号	总账科目	明细账科目	借方金额	贷方金额	账页格式
1	库存现金		**2 000**		三栏式
		日记账	2 000		专用三栏
2	银行存款		**8 600 980**		三栏式
		日记账	8 600 980		专用三栏
3	应收票据		**2 381 620**		三栏式
		欢喜食品店	1 245 400		甲式账
		高兴食品店	1 136 220		
4	应收账款		**1 181 890**		三栏式
		光华商场	430 370		甲式账
		红星商场	731 520		
		华峰商场	20 000		
5	预付账款		**264 910**		三栏式
		国立鸡场	271 410		甲式账
		南方公司		6 500	
6	其他应收款		**13 700**		三栏式
		艾笑寿	8 000		甲式账
		龚格英	5 700		
7	坏账准备			**14 200**	三栏式
		应收账款		14 200	甲式账
8	在途物资		**220 000**		三栏式
		华荣金属公司	220 000		甲式账
9	原材料		**1 153 400**		三栏式
		详见表 1-2	1 153 400		乙式账
10	库存商品		**1 202 692**		三栏式
		详见表 1-3	1 202 692		乙式账
11	固定资产		**28 450 000**		三栏式
		机器设备类	13 000 000		甲式账
		房屋建筑类	15 450 000		
12	累计折旧	不设明细账		**921 272**	三栏式
13	在建工程		**209 000**		三栏式
		锅炉过程	120 000		甲式账
		配电室工程	89 000		
14	无形资产		**540 000**		三栏式
		专利技术	540 000		甲式账
		配方专利			
15	累计摊销			**90 000**	三栏式
		无形资产摊销		90 000	甲式账
16	短期借款			**2 500 000**	三栏式
		工行东支		2 500 000	甲式账
17	应付票据			**339 300**	三栏式
		田甜制糖公司		175 500	甲式账
		盛达油脂公司		163 800	

续表

序号	总账科目	明细账科目	借方金额	贷方金额	账页格式
18	应付账款			**172 180**	三栏式
		河东鸡场		226 000	甲式账
		世纪公司		36 180	
		前进面粉厂	90 000		
19	预收账款			**2 620 000**	三栏式
		莲花超市		2 700 000	甲式账
		牡丹超市	80 000		
20	应付职工薪酬			**1 617 640**	三栏式
		工资		1 700 000	甲式账
		职工福利	82 360		
21	应交税费			**325 800**	三栏式
	专用多栏	应交增值税			甲式账
		未交增值税		150 000	
		应交城市维护建设税		21 560	
		应交教育费附加		9 240	
		应交所得税		145 000	
		应交房产税			
22	应付利息			**21 600**	三栏式
		工行东支		21 600	甲式账
23	应付股利				三栏式
		港城投资公司			甲式账
		海虹机械公司			

序号	总账科目	明细账科目	借方金额	贷方金额	账页格式
24	其他应付款		**1 800**		三栏式
		供水公司		200	甲式账
		供电公司	2 000		
25	实收资本			**30 000 000**	三栏式
		港城投资公司		18 000 000	甲式账
		海虹机械公司		12 000 000	
26	资本公积			**300 000**	三栏式
		资本溢价		300 000	甲式账
27	盈余公积			**900 000**	三栏式
		法定盈余公积		900 000	甲式账
28	本年利润			**4 200 000**	三栏式
		本年利润		4 200 000	甲式账
29	利润分配			**200 000**	三栏式
		提取盈余公积			甲式账
		应付利润			
		未分配利润		200 000	
30	生产成本				三栏式
		A 产品	账内再按照成本项目设置专栏		专用多栏
		B 产品	账内再按照成本项目设置专栏		
31	制造费用				三栏式
		制造费用	按照费用项目设置专栏		借方多栏

续表

序号	总账科目	明细账科目	借方金额	贷方金额	账页格式
32	主营业务收入				三栏式
		主营业务收入	按照产品名称设置专栏		贷方多栏
33	其他业务收入				三栏式
		其他业务收入	账内按业务项目设置专栏		贷方多栏
34	营业外收入				三栏式
		营业外收入	账内按收入项目设置专栏		贷方多栏
35	主营业务成本				三栏式
		主营业务成本	账内按产品名称设置专栏		借方多栏
36	其他业务成本				三栏式
		其他业务成本	账内按业务项目设置专栏		借方多栏
37	税金及附加				三栏式
		税金及附加	账内按税费种类设置专栏		借方多栏
38	销售费用				三栏式
		销售费用	账内按费用项目设置专栏		借方多栏
39	管理费用				三栏式
		管理费用	账内按费用项目设置专栏		借方多栏
40	财务费用				三栏式
		账务费用	账内按费用项目设置专栏		借方多栏
41	信用减值损失				三栏式
		信用减值损失	账内按减值项目设置专栏		借方多栏
42	营业外支出				三栏式
		营业外支出	账内按支出项目设置专栏		借方多栏
43	所得税费用				三栏式
		所得税费用			甲式账
	合　计		44 221 992	44 221 992	

表 1-2

原材料明细账资料

金额单位：元

材料名称	计量单位	数　量	单　价	金　额	账页格式
小麦粉	千克	50 000	5.29	264 400	乙式账
白砂糖	千克	30 000	15.6	468 000	乙式账
鸡　蛋	千克	5 000	16.8	84 000	乙式账
食用油	千克	6 000	19.5	117 000	乙式账
铁　盒	个	22 000	10	220 000	乙式账
合　计				1 153 400	

表 1-3 **库存商品明细账资料** 金额单位：元

商品名称	计量单位	数　量	单　价	金　额	账页格式
饼　干	盒	7 000	103.69	725 854	乙式账
蛋　卷	盒	5 000	95.37	476 838	乙式账
合　计				1 202 692	

七、教学方案与课时安排建议

1. 作为一门独立的实践性课程，进行集中实训

❶ 建议安排在“基础会计学”课程理论教学完成后当学期的 1～2 周内完成。❷ 或者，建议安排在“基础会计学”课程理论教学完成后下一学期初的 1～2 周内完成。

2. 作为基础会计学课程的组成部分，分散在课内完成

❶ 如果“基础会计学”课程安排 64 学时（每周 4 学时），建议 40 学时完成理论教学，24 学时完成实训教学（建议 4 学时连续进行）。❷ 如果“基础会计学”课程安排 80 学时（每周 5 学时），建议 48 学时完成理论教学，32 学时完成实训教学（建议 4 学时连续进行）。

八、基础会计学综合模拟实训教学要求与考评

（一）实训要求

（1）掌握国家有关财经法律法规和企业会计制度，掌握各项费用的开支范围、标准及规定，加强学生政策法制、依法治国观念。

（2）运用规范仿真的原始凭证、真实的记账凭证、会计账簿和会计报表，严格按现行企业会计准则的要求进行操作。

（3）实训过程中遇到课堂理论教学中没有学到的新知识，应查阅资料，培养独立分析问题和解决问题的能力。

（4）实训结束后，将原始凭证、记账凭证、会计账簿、会计报表进行装订，作为考核的依据。

（5）实训结束后，每一名学生提交一份实训报告，主要内容包括：❶ 实训内容。❷ 实训过程。❸ 实训结束。❹ 实训中存在的问题及解决的方法。❺ 实训体会及合理化建议。

（二）实训考评

实训考评包括实训过程和实训结果考评，分别占总成绩的 40％和 60％。实训过程考评以实训小组的考评为主，实训结果考评以学生提交的实训成果为依据，其评分标准分别为：原始凭证的填制和审核占 30％、记账凭证的填制与审核占 30％、账簿登记和会计报表编制占 20％、会计档案装订占 10％、实训报告撰写占 10％。

九、基础会计学综合模拟实训操作用相关账表及物品

基础会计学模拟实训实操所需要的材料除本书的附录或相关章节中已给出的空白凭证、账页、报表、封皮以外，还需要以下物品，如表 1 - 4 所示。

表 1 - 4　基础会计学综合模拟实训操作用相关账表及物品表

序号	物品名称	规格型号	计量单位	数　量	备　注	序号	物品名称	规格型号	计量单位	数　量	备　注
1	资料盒	320×235×45 mm	盒	1 盒/(人、组)	一次性消耗	10	铅笔		支	1 支/(人、组)	一次性消耗
2	直尺	300 mm	把	1 把/(人、组)	一次性消耗	11	小剪刀		把	1 把/(人、组)	一次性消耗
3	回形针	小盒	盒	1 盒/(人、组)	一次性消耗	12	订书针	普通	盒	1 盒/班	一次性消耗
4	索引标签(口取纸)	蓝色，10 张/小包	张	3 张/(人、组)	一次性消耗	13	订书机		个	5 个/班	实训室配备周转用
		红色，10 张/小包	张	3 张/(人、组)	一次性消耗	14	倒钩铁锥		把	1 把/(人、组)	实训室配备周转用
5	胶水(棒)	小瓶	瓶	1 瓶/(人、组)	一次性消耗	15	凭证打眼机		台	4 台/班	实训室配备周转用
6	装订线		卷	2 卷/班	一次性消耗	16	会计科目章		盒	10 盒/班	实训室配备周转用
7	栓账绳(带)		根	1 根/(人、组)	一次性消耗	17	公章	直径 42 mm	个	10 个/班	实训室配备周转用
8	橡皮		块	1 块/(人、组)	一次性消耗	18	财务专用章	直径 40 mm	个	10 个/班	实训室配备周转用
9	财会专用笔	红色(0.35 mm)	支	1 支/(人、组)	一次性消耗	19	承前页章		个	1 个/(人、组)	实训室配备周转用
		黑色(0.35 mm)	支	1 支/(人、组)	一次性消耗	20	转次页章		个	1 个/(人、组)	实训室配备周转用
		黑色笔芯(0.35 mm)	支	1 支/(人、组)	一次性消耗	21	月结章		个	1 个/(人、组)	实训室配备周转用
特别提示：公章及财务专用章的中央刻“实训”或“实验”字样，替换实际工作中该章中央的五角星。											
特别说明：本模拟实验操作，实际需要：❶ 收款凭证 11 张，本书提供 16 张。❷ 付款凭证 28 张，本书提供 34 张。❸ 转账凭证 36 张，本书提供 44 张。❹ 科目汇总表 3 张，本书提供 6 张。❺ 明细账账页与总账账页均有适量富余。注意节约使用。											

第二章　会计档案的整理与保管

本模拟实训实操前，应撕裁本书附录中给出的空白账页和账簿封皮，然后按照以下要求装订成册。在月末，当完成第四章、第五章要求的实操内容后，按照以下要求进行会计凭证、会计报表的装订；在年末，按照以下要求进行会计账簿的整理，以及会计凭证、会计账簿与会计报表的归档保管。

一、会计凭证的装订与存档保管

1. 整理凭证并加具封面、封底和包角

（1）**整理记账凭证。**将记账凭证分三部分（本）进行整理：❶ 第四章（业务1—业务28）所编制记账凭证。❷ 第四章（业务29—业务56）所编制记账凭证。❸ 第五章（业务57—业务72）所编制记账凭证。

（2）**加具封面和封底。**对以上整理好的每本记账凭证：❶ 将本书附录所给出的3张记账凭证封皮，沿裁剪线裁成封面和封底；然后分别加具到整理好的3本记账凭证的前后。❷ 将本书附录所给出的记账凭证包角，沿虚线（打孔线）裁成4个十字包角，分别加具到封面的左上角（字朝下）。

2. 手工穿线装订方法

（1）**打眼。**在十字包角上以对角线的两点（对准记账凭证包角的"●"位置），用装订机从外到里均匀地打两个眼，注意不能太靠外以免装订不牢，也不能太靠里以免不便于翻阅查证。

（2）**穿线。**❶ 将一根长约60 cm的装订线分四分之一和四分之三折叠。❷ 从里面的那个眼，将带钩锥子从正面穿出，从背面钩住装订线的折叠处并将其拉出（不要拉透留出一个活扣），然后压住装订线的短线头，将装订线的长线头翻过来从活扣中穿出并拉紧。❸ 再次从里面的两个眼，将带钩锥子从正面穿出，从背面钩住装订线的长线头（折叠并留出穿线余地），然后将其拉出（拉透不留活扣）并拉紧，这样形成第一个十字角。❹ 从外面的那个眼，将带钩锥子从背面穿出，从正面钩住装订线的长线头，然后将其拉出（不要拉透留出一个活扣），将装订线的长线头翻过来从活扣中穿出并拉紧。❺ 再次从外面的那个眼，从背面将带钩锥子穿出，从正面钩住装订线的长线头，然后将其拉出（拉透不留活扣）并拉紧，这样形成第二个十字角。

（3）**打结。**在凭证的背面，将装订线的两端系上拉紧并打死结，然后用剪刀剪掉多余的线头。

3. 铆管装订机装订方法

铆管装订机是财务办公常用的一款文件装订机，其架构如图2-1所示。使用铆管装订机进行凭证装订的操作说明如下：

❶ **插上电源：**插上电源，按下开关，电源指示灯亮（红灯），机器处于预热状态。大约4分钟后，红灯灭后，绿灯亮起，机器开始热铆，预热时不影响机器的打孔。❷ **插入铆管：**将接管盒盖打开，铆管插入机身后侧的小圆孔内。❸ **打孔：**将文件装置在台面板上，放在所需装订的位置（对准记账凭证包角的"⊕"装置），压右边手柄进行打孔。❹ **铆管入孔：**打孔时，机器会根据打孔材料的厚度自

手工穿线装订方法视频

动切出相应长度的铆管段，将其插入刚打的装订孔中。❺ **插入定芯轴**：将文件移至机器左侧的热熔器下，并将定芯轴插入铆管中。❻ **热铆**：压左边手柄，停留片刻。❼ **装订完成**：拔出定芯轴，取出文件，装订完成。❽ **倒纸屑**：取下接纸盒，将纸屑倒掉后装入。铆管装订机装订步骤如图 2-2 所示。

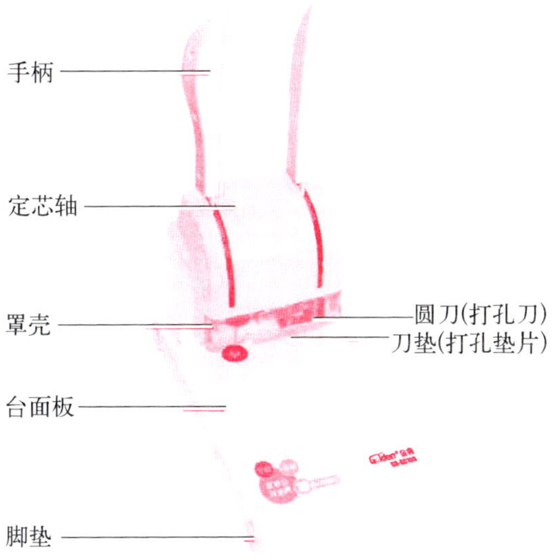

图 2-1 铆管装订机架构图

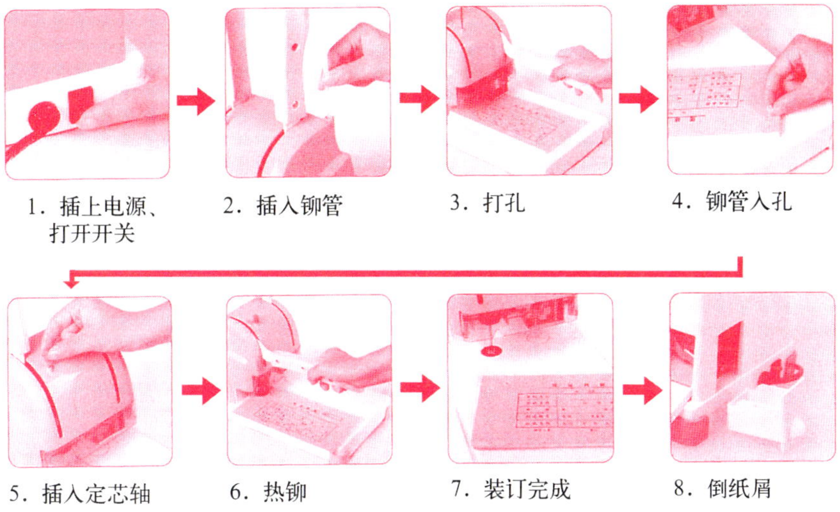

图 2-2 铆管装订机装订步骤

4. **封角并盖章**

(1) **封角**。沿着十字包角的斜线折叠翻转露出包角正面，将十字包角的两头，抹上胶水，然后再将包角向下、向右折叠到背面并粘牢，要求包角能将装订线的线头全部覆盖上。

(2) **填写凭证脊背**。在十字包角翻转折叠粘贴形成的凭证脊背上，填写日期年和月、凭证起止号数(第几号至第几号)、凭证册序(第几册)和凭证册数(共几册)。

(3) **填写封面**。在凭证封面上填写起止日期、账册编号(第几册、共几册)；凭证种类、起止号数、凭证张数、附件张数、会计档案的卷宗号及保管年限等。

(4) **盖章、归档**。装订人员在装订线封签处签名或盖章，然后归档。

二、会计账簿、会计报表的整理装订与存档保管

1. **整理并装订日记账**

❶ 将本书附录给出的日记账(库存现金和银行存款)沿撕裁线撕下并整理在一起。❷ 将本书附录给出的“日记账封面”“日记账封底”撕下。

❸ 将日记账封面和封底加具到日记账的前后并用订书机将他们订牢(形成订本式账簿)。❹ 按照要求填写封皮并加盖公章。

2. **整理并装订明细账**

❶ 将本书附录给出的明细账(数量金额式、多栏式、三栏式)空白账页撕下并整理在一起。❷ 将本书附录所给出的“明细账封面”“明细账封底”撕下。❸ 将明细账封面和封底,加具到整理好的明细账的前后并用账绳穿在一起和打结(活页式)。❹ 按照要求填写封皮(包括目录的科目名称)并加盖公章。❺ 在年末:首先,应按照顺序编写总号;其次,再对每一总账下属明细账编写分号;最后,填写明细账目录的起始页码。

3. **整理并装订总账**

❶ 将本书附录给出的空白总账账页撕下并整理在一起。❷ 将本书附录所给出的“总账封面”“总账封底”撕下。❸ 将总账封面和封底,加具到整理好的总账账页的前后并用订书机将其订牢(订本式)。❹ 按照要求填写封皮(包括目录的会计科目名称及账页起始页码)并加盖公章。

4. **整理并装订会计报表**

❶ 将编制完成的会计报表撕下并整理在一起。❷ 将本书附录所给出的会计报表“封面”和“封底”撕下。❸ 将会计报表的封面和封底,加具到整理好的会计报表的前后并用订书机将其订牢。❹ 按照要求填写封皮并加盖公章。

5. **会计档案的归档**

装订人员在装订线封签处签名或盖章,然后归档并存入会计档案室。

第三章　会计交易或事项对应原始凭证的文字表述及账务处理要求与提示

为了帮助学生理解原始凭证所体现的会计交易或事项并进行账务处理，本章对第四章、第五章会计交易或事项所表现的原始凭证，采取一一对应的方式，进行了文字表述，对账务处理进行提示并提出了要求。

一、日常会计交易或事项对应原始凭证的文字表述及账务处理要求与提示

(一) 12 月 1—15 日会计交易或事项对应原始凭证的文字描述及账务处理要求与提示

业务 1：**同城现销(钱货两清)**。1 日，企业向东海市欣欣食品店销售饼干和蛋卷，货已发出，款项已通过银行转账收讫。**账务处理要求与提示：**❶ 根据原始凭证编制记账凭证(收 1，附件 2 张)：**借记"银行存款"账户，贷记"主营业务收入""应交税费——应交增值税(销项税额)"账户**。❷ 根据"产品出库单"登记"库存商品"下属"饼干""蛋卷"明细账"发出数量"栏后，将"产品出库单"妥善保管，在处理第 64 笔业务时要用。❸ 根据记账凭证登记"银行存款"日记账、"主营业务收入"明细账"饼干""蛋卷"专栏和"应交税费——应交增值税"明细账"销项税额"专栏。

业务 2：**以冲销预付账款方式购进材料，预付金额与实际结算金额相等**。1 日，收到并验收入库上月向济南市国立鸡场购进的鸡蛋。❶ 对方代垫运费，转来承运单位开具的增值税专用发票。❷ 鸡蛋已验收入库，填制"收料单"并确定实际成本。❸ 上月已预付货款 271 410 元，与实际结算金额相等。**账务处理要求与提示：**❶ 根据原始凭证编制记账凭证(转 1，附件 4 张)：**借记"原材料""应交税费——应交增值税(进项税额)"账户，贷记"预付账款——国立鸡场"账户**。❷ 根据"收料单"登记"原材料——鸡蛋"明细账"收入"栏(数量、单价、金额)。❸ 根据记账凭证登记"应交税费——应交增值税"明细账"进项税额"专栏和"预付账款——国立鸡场"明细账。

业务 3：**偿还前欠货款**。1 日，通过银行偿还上月欠东海市河东鸡场的货款。**账务处理要求与提示：**❶ 根据原始凭证编制记账凭证(付 1，附件 2 张)：**借记"应付账款——河东鸡场"账户，贷记"银行存款"账户**。❷ 根据记账凭证登记"应付账款——河东鸡场"明细账和"银行存款"日记账。

业务 4：**车间生产领用材料，存货计价采用"月末一次加权平均法"并汇总登记**。1 日，生产车间分仓库填制标明用途的"领料单"领用材料。

(1) 领料单联次及用途：❶ 领料单一般为一式四联：第一联(领料单位联)、第二联(财务联)、第三联(仓库联)、第四联(存根联)。❷ 仓库保管员平时根据"仓库联"登记仓库"原材料"明细账的"发出数量"栏，财务部门月末将"财务联"汇总，编制"发料凭证汇总表"。❸ 特别说明：本书为节约篇幅只给出财务联，实训时可一联两用(下同)。

(2) 本业务不编制会计分录。❶ 需要根据"领料单"登记各"原材料"明细账的"发出"栏的"数量"栏。❷ 在登记"原材料"明细账时，凭证"种类"为"领"字，"号数"为"领料单"右上角的编号。❸ 特别说明：在登记完"原材料"明细账后，应将"领料单"妥善保管，在处理第 57 笔业务时要用。

业务 5：**购进材料，对方委托收款并同意付款(钱货两清)**。3 日，向郑州宏远面粉厂购进面粉并验收入库；对方代垫运费转来承运单位开具的"增值税专用发票"；收到托收凭证(付款通知)。**账务处理要求与提示：**❶ 根据原始凭证编制记账凭证(付 2，附件 5 张)：**借记"原材料——小麦粉""应交税费——应交增值税(进项税额)"账户，贷记"银行存款"账户**。❷ 根据"收料单"登记"原材料——小麦粉"明细账"收入"栏(数量、单价、金

额)。❸ 根据记账凭证登记“应交税费——应交增值税”明细账“进项税额”专栏和“银行存款日记账”。

业务 6：**在途材料验收入库**。3 日，上月向南京市华荣金属公司购进的包装盒验收入库，填制“收料单”，上列采购成本为 220 000 元。**账务处理要求与提示：**❶ 根据原始凭证编制记账凭证(转 2，附件 1 张)：**借记“原材料——包装盒”账户，贷记“在途材料——华荣金属”账户**。❷ 根据“收料单”登记“原材料——包装盒”明细账“收入”栏(数量、单价、金额)。❸ 根据记账凭证登记“在途物资——华荣金属”明细账。

业务 7：**以商业承兑汇票结算方式购进材料**。5 日，向广西北海市田甜制糖公司购进的白砂糖验收入库，签发由本公司承兑的商业汇票。**账务处理要求与提示：**❶ 根据原始凭证编制记账凭证(转 3，附件 4 张)：**借记“原材料——白砂糖”“应交税费——应交增值税(进项税额)”账户，贷记“应付票据——田甜制糖”账户**。❷ 根据“收料单”登记“原材料——白砂糖”明细账“收入”栏(数量、单价、金额)。❸ 根据记账凭证登记“应交税费——应交增值税”明细账“进项税额”专栏和“应付票据——田甜制糖”明细账。

业务 8：**赊销产品——应收账款**。5 日，向东海市光华商场销售产品，对方承诺款项于下月支付。**账务处理要求与提示：**❶ 根据原始凭证编制记账凭证(转 4，附件 1 张)：**借记“应收账款——光华商场”账户，贷记“主营业务收入”“应交税费——应交增值税(销项税额)”账户**。❷ 根据“产品出库单”登记“库存商品”下属“饼干”“蛋卷”明细账的“发出数量”栏后，将“产品出库单”妥善保管，在处理第 64 笔业务时要用。❸ 根据记账凭证登记“应收账款——光华商场”明细账、“主营业务收入”明细账“饼干”“蛋卷”专栏和“应交税费——应交增值税”明细账“销项税额”专栏。

业务 9：**以电汇方式预付购货款**。7 日，预付济南市国立鸡场货款。**账务处理要求与提示：**❶ 根据原始凭证编制记账凭证(付 3，附件 2 张)：**借记“预付账款——国立鸡场”账户，贷记“银行存款”账户**。❷ 根据记账凭证登记“预付账款——国立鸡场”明细账和“银行存款”日记账。

业务 10：**产品完工入库**。7 日，车间产品完工入库，填制“产品入库单”。**账务处理要求与提示：**

(1) 该业务不编制会计分录。❶ 平时，根据“产品入库单”登记“库存商品”明细账的“收入”栏的“数量”栏。❷ 月末，结出入库数量并根据“完工产品成本计算汇总表”中的单位成本和总成本在“库存商品”明细账的“月结行”登记“收入”栏的“单价”和“金额”栏。

(2) 特别说明：❶ 登记“库存商品”明细账上的凭证种类、号数时，“种类”为“入”字，“号数”为“产品入库单”右上角的编号(下同)。❷ 在登记完“库存商品”明细账后，应将“产品入库单”妥善保管，在处理第 63 笔业务时要用。

业务 11：**商业承兑汇票销售**。7 日，向沈阳市欢喜食品店销售饼干和蛋卷，货已发出，收到对方签发的商业承兑汇票。**账务处理要求与提示：**❶ 根据原始凭证编制记账凭证(转 5，附件 2 张)：**借记“应收票据——欢喜食品”账户，贷记“主营业务收入”“应交税费——应交增值税(销项税额)”账户**。❷ 根据“产品出库单”登记“库存商品”下属“饼干”“蛋卷”明细账“发出数量”栏后，将“产品出库单”妥善保管，在处理第 64 笔业务时要用。❸ 根据记账凭证登记“应收票据——欢喜食品”明细账、“主营业务收入”明细账“饼干”“蛋卷”专栏和“应交税费——应交增值税”明细账“销项税额”专栏。

业务 12：**签发商业承兑汇票购货**。7 日，向杭州市盛达油脂公司购进的食用油验收入库；对方代垫运费并转来承运单位开具的“增值税专用发票”；经审核无误后，签发由本公司承兑的商业汇票。**账务处理要求与提示：**❶ 根据原始凭证编制记账凭证(转 6，附件 5 张)：**借记“原材料——食用油”“应交税费——应交增值税(进项税额)”账户，贷记“应付票据——盛达油脂”账户**。❷ 根据“收料单”登记“原材料——食用油”明细账“收入”栏(数量、单价、金额)。❸ 根据记账凭证登记“应交税费——应交增值税”明细账“进项税额”专栏和“应付票据——盛达油脂”明细账。

业务 13：**收到上月销售托收的货款**。7 日，开户银行转来“托收凭证(收账通知)”，系上月托收应收兰州市红星商场购货款。**账务处理要求与提示：**❶ 根据原始凭证编制记账凭证(收 2，附件 1 张)：**借记“银行存款”账户，贷记“应收账款——红星商场”账户**。❷ 根据记账凭证登记“银行存款日记账”和“应收账款——红星商场”明细账。

业务 14：**同城结算，收到转账支票，系对方偿付前欠货款**。9 日，收到东海市光华商场上月所欠货款，填写“进账单(收账通知)”连同转账支票一同送存银行。**账务处理要求与提示**：❶ 根据原始凭证编制记账凭证(收 3，附件 1 张)：**借记“银行存款”账户，贷记“应收账款——光华商场”账户**。❷ 根据记账凭证登记“应收账款——光华商场”明细账和“银行存款”日记账。

业务 15：**赊购材料——应付账款**。9 日，从东海市河东鸡场购入鸡蛋并已验收入库，货款与对方商妥下月支付。**账务处理要求与提示**：❶ 根据原始凭证编制记账凭证(转 7，附件 3 张)：**借记“原材料——鸡蛋”“应交税费——应交增值税(进项税额)”账户，贷记“应付账款——河东鸡场”账户**。❷ 根据“收料单”登记“原材料——鸡蛋”明细账“收入”栏(数量、单价、金额)。❸ 根据记账凭证登记“应交税费——应交增值税”明细账“进项税额”专栏和“应付账款——河东鸡场”明细账。

业务 16：**报销差旅费——实报金额大于预借金额**。9 日，职工艾笑寿报销差旅费 8 434 元，扣除原借款 8 000 元外另补付差额现金 334 元，结清原借款。**账务处理要求与提示**：❶《财政部、税务总局、海关总署关于深化增值税改革有关政策的公告》(2019 年第 39 号)规定，纳税人购进国内旅客运输服务，其进项税额允许从销项税额中抵扣。纳税人未取得增值税专用发票的，暂按以下规定确定增值税进项税额：取得注明旅客身份信息的航空运输电子客票行程单的，按“航空旅客运输进项税额＝(票价＋燃油附加费)÷(1＋9％)×9％”计算增值税进项税额；取得注明旅客身份信息的铁路车票的，按“铁路旅客运输进项税额＝票面金额÷(1＋9％)×9％”计算增值税进项税额；取得注明旅客身份信息的公路、水路等其他客票的，按“公路、水路等其他旅客运输进项税额＝票面金额÷(1＋3％)×3％”计算增值税进项税额。❷ 根据原始凭证编制以下 2 张记账凭证：**借记“管理费用——差旅费”“应交税费——应交增值税(进项税额)”账户，贷记“其他应收款——艾笑寿”账户**(转 8，附件 6 张)，同时，**借记“其他应收款——艾笑寿”账户，贷记“库存现金”账户**(付 4，附件 0 张，在该记账凭证的“摘要”栏上注明：“原始凭证 6 张，附在转字 8 号凭证上”)。❸ 根据记账凭证登记“管理费用”明细账“差旅费”专栏、“应交税费——应交增值税”明细账“进项税额”专栏、“其他应收款——艾笑寿”明细账和“库存现金日记账”。

业务 17：**偿付到期商业承兑汇票款**。9 日，收款单位广西北海市田甜制糖公司托收商业承兑汇票到期票据款项，已通过银行付讫。**账务处理要求与提示**：❶ 根据原始凭证编制记账凭证(付 5，附件 2 张)：**借记“应付票据——田甜制糖”账户，贷记“银行存款”账户**。❷ 根据记账凭证登记“应付票据——田甜制糖”明细账和“银行存款”日记账。

业务 18：**实际缴纳上月应纳的有关税费**。9 日，填开“中华人民共和国税收缴款书”，缴纳上月未交增值税、应交所得税、应交城建税、应交教育费附加。**账务处理要求与提示**：❶ 根据原始凭证编制记账凭证(付 6，附件 2 张)：**借记“应交税费——未交增值税”“应交税费——应交所得税”“应交税费——应交城市维护建设税”“应交税费——应交教育费附加”账户，贷记“银行存款”账户**。❷ 根据记账凭证登记“应交税费”下属“未交增值税”“应交所得税”“应交城市维护建设税”“应交教育费附加”明细账和“银行存款”日记账。

业务 19：**固定资产修理——费用化支出——直接记入“管理费用”账户**。11 日，收到东海市方正建筑公司开具的车间和办公大楼修理费的增值税专用发票，经审核无误同意付款，签发转账支票付讫。**账务处理要求与提示**：❶ 根据原始凭证编制记账凭证(付 7，附件 3 张)，**借记“管理费用——修理费”“应交税费——应交增值税(进项税额)”账户，贷记“银行存款”账户**。❷ 根据记账凭证登记“管理费用”明细账“修理费”专栏、“应交税费——应交增值税”明细账“进项税额”专栏和“银行存款”日记账。

业务 20：**发放上月工资——由银行代发**。11 日，根据上月应付工资结算汇总表发放上月职工工资，通过网银由银行代发，转入职工个人工资账户。**账务处理要求与提示**：❶ 根据原始凭证编制记账凭证(付 8，附件 3 张)：**借记“应付职工薪酬——工资”账户，贷记“银行存款”账户**。❷ 根据记账凭证登记“银行存款”日记账和“应付职工薪酬——工资”明细账。

业务 21：**报销差旅费——实报金额小于预借金额。**11 日，职工龚格英报销差旅费 5 456 元，并交回借款余款现金 244 元，结清原借款 5 700 元。**账务处理要求与提示**：❶ 根据原始凭证编制以下 2 张记账凭证：**借记“管理费用——差旅费”“应交税费——应交增值税（进项税额）”账户，贷记“其他应收款——龚格英”账户**（转 9，附件 6 张），同时，**借记“库存现金”账户，贷记“其他应收款——龚格英”账户**（收 4，附件 1 张）。❷ 根据记账凭证（转 9）登记“管理费用”明细账“差旅费”专栏、“应交税费——应交增值税”明细账“进项税额”专栏和“其他应收款——龚格英”明细账。❸ 根据记账凭证（收 4）登记“库存现金”日记账和“其他应收款——龚格英”明细账。

业务 22：**车间生产领用材料，存货计价采用“月末一次加权平均法”并汇总登记。**11 日，生产车间分仓库填制标明有用途的“领料单”领用材料。**账务处理要求与提示**：参见业务 4 的说明。

业务 23：**收到托收的商业承兑汇票款。**11 日，收到银行转来的“托收凭证（收账通知）”，系托收应收南宁市高兴食品店到期商业承兑汇票款。**账务处理要求与提示**：❶ 根据原始凭证编制记账凭证（收 5，附件 1 张）：**借记“银行存款”账户，贷记“应收票据——高兴食品店”账户。**❷ 根据记账凭证登记“银行存款”日记账和“应收票据——高兴食品店”明细账。

业务 24：**以委托付款方式购进原材料。**13 日，向永济市光明面粉厂购进小麦粉并验收入库（对方负担运费），通过银行支付货款。**账务处理要求与提示**：❶ 根据原始凭证编制记账凭证（付 9，附件 4 张）：**借记“原材料——小麦粉”“应交税费——应交增值税（进项税额）”账户，贷记“银行存款”账户。**❷ 根据“收料单”登记“原材料——小麦粉”明细账“收入”栏（数量、单价、金额）。❸ 根据记账凭证登记“应交税费——应交增值税”明细账“进项税额”专栏和“银行存款”日记账。

业务 25：**提现备用。**15 日，签发现金支票，从银行提取现金备用。**账务处理要求与提示**：❶ 根据原始凭证编制记账凭证（付 10，附件 1 张），**借记“库存现金”账户，贷记“银行存款”账户。**❷ 根据记账凭证登记“银行存款”日记账和“库存现金”日记账。

业务 26：**收到托收的到期商业承兑汇票款。**15 日，收到银行转来的“托收凭证（收账通知）”，系托收应收沈阳市欢喜食品店到期商业承兑汇票款。**账务处理要求与提示**：❶ 根据原始凭证编制记账凭证（收 6，附件 1 张），**借记“银行存款”账户，贷记“应收票据——欢喜食品”账户。**❷ 根据记账凭证登记“银行存款”日记账和“应收票据——欢喜食品”明细账。

业务 27：**购进不入库并直接领用的办公用品。**15 日，现金报销办公用品购置费，并直接交付车间和有关部门使用。**账务处理要求与提示**：❶ 根据原始凭证编制记账凭证（付 11，附件 3 张）：**借记“制造费用——办公费”“销售费用——办公费”“应交税费——应交增值税（进项税额）”账户，贷记“库存现金”账户。**❷ 根据记账凭证登记“制造费用”明细账“办公费”专栏、“销售费用”明细账“办公费”专栏、“应交税费——应交增值税”明细账“进项税额”专栏和“库存现金”日记账。

业务 28：**遵守结算纪律，将超过银行核定的库存现金限额的部分现金送存银行。**15 日，填写“现金缴款单”，将超库存现金限额的多余现金送存银行。**账务处理要求与提示**：❶ 根据原始凭证编制记账凭证（付 12，附件 1 张）：**借记“银行存款”账户，贷记“库存现金”账户。**❷ 根据记账凭证登记“银行存款”日记账和“库存现金”日记账。

账务处理到第 28 笔业务为止，应编制第一张“科目汇总表”（第 1—28 笔业务）

（二）12 月 16—31 日会计交易或事项对应原始凭证的文字描述及账务处理要求与提示

业务 29：**产品完工入库。**16 日，车间产品完工入库，填制“产品入库单”。**账务处理要求与提示**：参见业务 10 的说明。

业务 30：**冲销预付账款方式购进——实际结算金额小于预付金额。**17 日，采用预付账款方式向济南市国立鸡场预付款的鸡蛋验收入库，冲销本月 7 日已预付货款 367 400 元，多付的款项留待下次结算。**账务处理要求与提示：**❶ 根据原始凭证编制记账凭证（转 10，附件 3 张）：**借记“原材料——鸡蛋”“应交税费——应交增值税（进项税额）”账户，贷记“预付账款——国立鸡场”账户。**❷ 根据“收料单”登记“原材料——鸡蛋”明细账“收入”栏（数量、单价、金额）。❸ 根据记账凭证登记“应交税费——应交增值税”明细账“进项税额”专栏和“预付账款——国立鸡场”明细账。

业务 31：**计提职工福利费的实际使用——支付职工体检费。**17 日，收到为职工体检的增值税普通发票，经审核无误，同意付款。**账务处理要求与提示：**❶ 根据规定“用于非增值税应税项目、免征增值税项目、集体福利或者个人消费的购进货物或者应税劳务”的进项税额不得从销项税额中抵扣。❷ 根据原始凭证编制记账凭证（付 13，附件 3 张）：**借记“应付职工薪酬——职工福利”账户，贷记“银行存款”账户。**❸ 根据记账凭证登记“应付职工薪酬——职工福利”明细账和“银行存款”日记账。

业务 32：**缴纳上半月应纳增值税和第四季度房产税。**17 日，通过中国工商银行电子缴税付款平台缴纳本月 1—15 日应交增值税和第四季度房产税。**账务处理要求与提示：**❶ 根据原始凭证编制记账凭证（付 14，附件 1 张）：**借记“应交税费——应交增值税（已交税金）”“应交税费——应交房产税”账户，贷记“银行存款”账户。**❷ 根据记账凭证登记“应交税费——应交增值税”明细账“已交税金”专栏、“应交税费——应交房产税”明细账和“银行存款”日记账。

业务 33：**恢复坏账准备。**19 日，银行转来“电汇凭证（收账通知）”，收到上年已作为坏账损失处理的应收上海市诚信食品公司货款。**账务处理要求与提示：**❶ 根据原始凭证编制记账凭证（收 7，附件 1 张）：**借记“银行存款”账户，贷记“坏账准备——应收账款”账户。**❷ 根据记账凭证登记“银行存款”日记账和“坏账准备——应收账款”明细账。❸ 特别说明：也可先借记“应收账款”账户，贷记“坏账准备”账户，然后再借记“银行存款”账户，贷记“应收账款”账户。

业务 34：**冲销预收货款销售——实际结算金额大于预收金额，通过银行收到余款。**19 日，发出前已预收太原市莲花超市货款的饼干和蛋卷，价税合计 2 785 450 元，并收到预收款不足部分——85 450 元。**账务处理要求与提示：**❶ 根据原始凭证编制以下两张记账凭证：**借记“预收账款——莲花超市”账户，贷记“主营业务收入”“应交税费——应交增值税（销项税额）”账户（转 11，附件 3 张）**；同时，**借记“银行存款”账户，贷记“预收账款——莲花超市”账户（收 8，附件 1 张）。**❷ 根据“产品出库单”登记“库存商品”下属“饼干”“蛋卷”明细账的“发出数量”栏后，将“产品出库单”妥善保管，在处理第 64 笔业务时要用。❸ 根据记账凭证登记“预收账款——莲花超市”明细账、“主营业务收入”明细账“饼干”“蛋卷”专栏和“应交税费——应交增值税”明细账“销项税额”专栏。

业务 35：**不再符合资产条件的应收账款，确认坏账损失。**19 日，经确认，应收华峰商场的货款 20 000 元已无法收回，报批后确认为坏账损失。**账务处理要求与提示：**❶ 根据原始凭证编制记账凭证（转 12，附件 1 张）：**借记“坏账准备——应收账款”账户，贷记“应收账款——华峰商场”账户。**❷ 根据记账凭证登记“坏账准备——应收账款”明细账和“应收账款——华峰商场”明细账。

业务 36：**公益救济性捐赠。**19 日，开出转账支票，向东海市红十字会捐赠。**账务处理要求与提示：**❶ 根据原始凭证编制记账凭证（付 15，附件 3 张）：**借记“营业外支出——捐赠支出”账户，贷记“银行存款”账户。**❷ 根据记账凭证登记“营业外支出”明细账“捐赠支出”专栏和“银行存款”日记账。

业务 37：**购买支票，银行直接扣除工本手续费。**19 日，购买现金支票和转账支票各一本，开户银行直接从该公司的存款账户中扣款。**账务处理要求与提示：**❶ 根据原始凭证编制记账凭证（付 16，附件 1 张）：**借记“财务费用——工本费”账户，贷记“银行存款”账户。**❷ 根据记账凭证登记“财务费用”明细账“工本费”专栏和“银行存款”日记账。

业务 38：**购进材料，对方委托收款并同意付款（钱货两清）。**21 日，从南京市华荣金属公司购进的包装盒验收入库（对方负担运费）；收到“托收凭证(付款通知)”，审核无误后同意付款。**账务处理要求与提示：**❶ 根据原始凭证编制记账凭证(付 17，附件 3 张)：**借记“原材料——包装盒”“应交税费——应交增值税(进项税额)”账户，贷记“银行存款”账户。**❷ 根据“收料单”登记“原材料——包装盒”明细账“收入”栏(数量、单价、金额)。❸ 根据记账凭证登记“应交税费——应交增值税”明细账“进项税额”专栏和“银行存款”日记账。

业务 39：**虚设“其他应付款”账户，进行对费用结算期和月度会计期间不一致的过渡会计处理。**21 日，银行转来供水公司托收上月 21 日至本月 20 日水费的“增值税专用发票”和“特约托收凭证(付款通知)”，通知水费已付。**账务处理要求与提示：**❶ 根据原始凭证编制记账凭证(付 18，附件 2 张)：**借记“其他应付款——供水公司”“应交税费——应交增值税(进项税额)”账户，贷记“银行存款”账户。**❷ 根据记账凭证登记“其他应付款——供水公司”明细账、“应交税费——应交增值税”明细账“进项税额”专栏和“银行存款”日记账。❸ 特别说明：水费的结算期间一般为上月 21 日至本月 20 日，由于上月下旬与本月下旬水耗用量可能会差异很大而且企业是按月统计自来水耗用量，这样自来水公司要求结算水费的自来水耗用量与企业计入成本费用的自来水耗用量可能会产生差异。为了不影响各月成本费用的准确性，对供水公司结算的水费通过虚设“其他应付款”账户进行过渡，借记“其他应付款——供水公司”“应交税费——应交增值税(进项税额)”账户，贷记“银行存款”账户；月末根据企业统计的自来水耗用量分配水费时，借记有关成本费用账户，贷记“其他应付款——供水公司”账户。

业务 40：**产品完工入库。**21 日，车间产品完工入库，填制“产品入库单”。**账务处理要求与提示：**参见业务 10 账务处理要求与提示。

业务 41：**虚设“其他应付款”账户，进行对费用结算期和月度会计期间不一致的过渡会计处理。**21 日，银行转来供电公司托收上月 21 日至本月 20 日电费的“增值税专用发票”和“特约委托收款凭证(付款通知)”，通知电费已付。**账务处理要求与提示：**❶ 根据原始凭证编制记账凭证(付 19，附件 2 张)：**借记“其他应付款——供电公司”“应交税费——应交增值税(进项税额)”账户，贷记“银行存款”账户。**❷ 根据记账凭证登记“其他应付款——供电公司”明细账、“应交税费——应交增值税”明细账“进项税额”专栏和“银行存款”日记账。

业务 42：**车间生产领用材料，存货计价采用“月末一次加权平均法”并汇总登记。**21 日，生产车间分仓库填制标明有用途的“领料单”领用材料。**账务处理要求与提示：**该业务不编制会计分录，具体账务处理参见业务 4 的有关说明。

业务 43：**银行计收贷款利息和计付存款利息。**21 日：

(1) 银行通知本季度企业应付利息 31 000 元并直接扣款。

(2) 银行通知本季度企业活期存款利息收入 2 750 元并直接存入该公司的存款账户。**账务处理要求与提示：**❶ 根据“计收利息(付款通知)”编制记账凭证(付 20，附件 1 张)：**借记“应付利息——工行东支”账户，贷记“银行存款”账户。**❷ 根据“计付利息(收账通知)”编制记账凭证(收 9，附件 1 张)：**借记“银行存款”账户，贷记“财务费用——利息收入”账户。**❸ 根据记账凭证(付 20)登记“应付利息——工行海支”明细账和“银行存款”日记账。❹ 根据记账凭证(收 9)登记“银行存款”日记账和“财务费用”明细账“利息收入”专栏。❺ 特别说明：由于企业活期存款利息收入金额较小，一般将活期存款利息收入作为财务费用的减项来处理；计息积数是指存款(或贷款)每日余额的累计数，计息积数乘以日利率即为应付(或应收)利息。❻ 利息费用＝计息积数×日利率＝232 500 000×(0.4%÷30)＝31 000(元)，利息收入＝计息积数×日利率＝330 000 000×(0.3%÷360)＝2 750(元)。

业务 44：**商业承兑汇票结算方式销售产品(对方自提)。**23 日，向南宁市高兴食品店销售饼干和蛋卷，货已发出(对方自提)，收到高兴食品店签发的商业承兑汇票。**账务处理要求与提示：**❶ 根据原始凭证编制记账凭证(转 13，附件 2 张)：**借记“应收票据——高兴食品”账户，贷记“主营业务收入”“应交税费——应交增值税(销项税额)”账户。**❷ 根据“产品出库单”登记“库存商品”下属“饼干”“蛋卷”明细账的“发出数量”栏后，将“产品出库单”妥善保管，在处理第 64 笔业务时要用。❸ 根据记账凭证登记“应收票据——高兴食品店”明细账、“主营业务收入”明细账“饼干”“蛋卷”专栏和“应交税费——应交增值税”明细账“销项税额”专栏。

业务 45：**支付广告费**。25 日，开出转账支票支付东海市阳明广告公司广告费。**账务处理要求与提示：**❶ 根据原始凭证编制记账凭证(付 21，附件 3 张)：**借记“销售费用——广告费”“应交税费——应交增值税(进项税额)”账户，贷记“银行存款”账户**。❷ 根据记账凭证登记“销售费用”明细账“广告费”专栏、“应交税费——应交增值税”明细账“进项税额”专栏和“银行存款”日记账。

业务 46：**以委托收款方式销售并办妥托收手续——应收账款**。25 日，向兰州市红星商场销售饼干和蛋卷；货已发出，款项已办妥银行托收手续。合同规定由本公司负担运费，收到承运单位开具的增值税专用发票，开出转账支票支付。**账务处理要求与提示：**❶ 根据有关原始凭证编制以下 2 张记账凭证：**借记“应收账款——红星商场”账户，贷记“主营业务收入”“应交税费——应交增值税(销项税额)”账户**(转 14，附件 3 张)，**借记“销售费用——运输费”“应交税费——应交增值税(进项税额)”账户，贷记“银行存款”账户**(付 22，附件 2 张)。❷ 根据“产品出库单”登记“库存商品”下属“饼干”“蛋卷”明细账的“发出”栏“数量”栏后，将“产品出库单”妥善保管，在处理第 64 笔业务时要用。❸ 根据记账凭证(转 14)登记“应收账款——红星商场”明细账、“主营业务收入”明细账“饼干”“蛋卷”专栏和“应交税费——应交增值税”明细账“销项税额”专栏。❹ 根据记账凭证(付 22)登记“销售费用”明细账“运输费”专栏和“应交税费——应交增值税”明细账“进项税额”专栏和“银行存款”日记账。

业务 47：**结算工程价款，工程达到预计可使用状态**。25 日，锅炉工程完工并达到预计可使用状态，与方正建筑公司结算锅炉工程安装费，经审核无误后开出转账支票支付。**账务处理要求与提示：**❶ 根据“报账(付款)审批单”“增值税专用发票”和“转账支票存根”编制记账凭证(付 23，附件 3 张)，**借记“在建工程——锅炉工程”“应交税费——应交增值税(进项税额)”账户，贷记“银行存款”账户**。❷ 根据“固定资产交接(验收)单”编制结转完工工程成本的记账凭证(转 15，附件 1 张)，**借记“固定资产——机器设备类”账户，贷记“在建工程——锅炉工程”账户**。❸ 根据记账凭证登记“在建工程——锅炉工程”明细账、“应交税费——应交增值税”明细账“进项税额”专栏、“固定资产——机器设备类”明细账和“银行存款”日记账。

业务 48：**罚没支出**。27 日，通过银行支付消防不达标罚款。**账务处理要求与提示：**❶ 根据原始凭证编制记账凭证(付 24，附件 3 张)：**借记“营业外支出——罚没支出”账户，贷记“银行存款”账户**。❷ 根据记账凭证登记“营业外支出”明细账“罚没支出”专栏和“银行存款”日记账。

业务 49：**提现备用**。27 日，签发现金支票，从银行提取现金备用。**账务处理要求与提示：**参见业务 25 的说明。

业务 50：**预借差旅费——其他应收款**。27 日，龚格英出差预借现金。**账务处理要求与提示：**❶ 根据原始凭证编制记账凭证(付 26，附件 1 张)：**借记“其他应收款——龚格英”账户，贷记“库存现金”账户**。❷ 根据记账凭证登记“其他应收款——龚格英”明细账和“库存现金”日记账。

业务 51：**材料销售——其他业务收入**。29 日，向东海市通达食品厂转让其急需的包装盒，货已发出，款项已收存银行。**账务处理要求与提示：**❶ 根据原始凭证编制记账凭证(收 10，附件 2 张)：**借记“银行存款”账户，贷记“其他业务收入——材料销售”“应交税费——应交增值税(销项税额)”账户**。❷ 根据“领料单”登记“原材料”明细账“发出”栏“数量”栏后将其妥善保管。❸ 根据记账凭证登记“银行存款”日记账、“其他业务收入”明细账“材料销售”专栏和“应交税费——应交增值税”明细账“销项税额”专栏。

业务 52：**预收账款**。29 日，通过银行收到“信汇凭证(收账通知)”，系太原市莲花超市预付购货款。**账务处理要求与提示：**❶ 根据原始凭证编制记账凭证(收 11，附件 1 张)：**借记“银行存款”账户，贷记“预收账款——莲花超市”账户**。❷ 根据记账凭证登记“银行存款”日记账和“预收账款——莲花超市”明细账。

业务 53：**购进配方专利权——无形资产**。29 日，开出转账支票支付从东海市斯特食品公司购进的配方专利权的款项。**账务处理要求与提示：**❶ 根据原始凭证编制记账凭证(付 27，附件 4 张)：**借记“无形资产——专利权”“应交税费——应交增值税(进项税额)”账户，贷记“银行存款”账户**。

❷ 根据记账凭证登记“无形资产——专利权”明细账、“应交税费——应交增值税”明细账“进项税额”专栏和“银行存款”日记账。

业务54：**产品完工入库**。29日，车间产品完工入库，填制“产品入库单”。**账务处理要求与提示：**参见业务10有关说明。

业务55：**购进原材料，发票账单已到，经审核无误，同意付款，材料在途(款付货未到)**。31日，向南京市华荣金属公司购进包装盒，发票账单已到，经审核无误后，同意付款，但材料尚未验收入库。**账务处理要求与提示：**❶ 根据原始凭证编制记账凭证(付28，附件3张)，**借记“在途物资——华荣金属”“应交税费——应交增值税(进项税额)”账户，贷记“银行存款”账户**。❷ 根据记账凭证登记“在途物资——华荣金属”明细账、“应交税费——应交增值税”明细账“进项税额”专栏和“银行存款”日记账。

业务56：**无法支付的应付账款，不再满足负债确认的条件**。31日，经确认应付世纪公司的货款36 180元无法支付，按规定转作营业外收入。**账务处理要求与提示：**❶ 根据原始凭证编制记账凭证(转16，附件1张)：**借记“应付账款——世纪公司”账户，贷记“营业外收入——债务收入”账户**。❷ 根据记账凭证登记“应付账款——世纪公司”明细账和“营业外收入”明细账“债务收入”专栏。

账务处理到第56笔业务为止，应编制第二张“科目汇总表”(第29—56笔业务)

二、产品成本计算、期末会计事项对应原始凭证的文字表述及账务处理要求与提示

产品成本计算，是指按成本计算对象并分成本项目，进行生产费用的归集和分配，并在此基础上计算产品成本。包括：❶ 材料费用的计算与分配。❷ 工薪费用的计算与分配。❸ 水电费用的计算与分配。❹ 固定资产折旧费用的计算与分配。❺ 制造费用的归集与分配。❻ 计算并结转完工产品成本。

期末会计事项，是指按照应计制的要求，对有关收入和费用进行账项调整。包括：❶ 已销产品成本的计算与结转。❷ 有关税费的计算与结转。❸ 坏账准备的计提与结转。❹ 短期借款利息费用的计提与结转。❺ 无形资产摊销的计提与结转。❻ 为计算本年利润进行损益类账户的结转，采用“账结法”。❼ 所得税的年终汇算清缴与结转。❽ 利润分配的计算与结转。❾ 未分配利润的计算与结转。

账务处理要求：❶ 根据有关账簿记录填制原始凭证并编制记账凭证。❷ 根据审核无误的记账凭证登记有关明细账。❸ 编制第三张“科目汇总表”。❹ 根据第三张“科目汇总表”登记总账。❺ 对总账和明细账进行结账。

(一) 产品成本计算会计事项对应原始凭证的文字描述及账务处理提示与要求

业务57：**材料费用的归集与分配**。月末，按照月末一次加权平均法计算本月发出原材料的加权平均单价，然后汇总“领料单”的数量并编制“发料凭证汇总表”，进行材料费用的归集与分配。**账务处理要求与提示：**❶ 根据原材料明细账的记录(月初结存数量和金额、本月收入数量和金额)计算并编制“原材料加权平均单位成本计算表”。❷ 根据“领料单”(分用途和材料名称)和“原材料加权平均单位成本计算表”填制“发料凭证汇总表”。❸ 根据“发料凭证汇总表”编制记账凭证(转17，附件2张)，**借记“生产成本——饼干”“生产成本——蛋卷”“其他业务成本——材料销售”账户，贷记“原材料”账户**。❹ 根据记账凭证登记“生产成本”下属“饼干”和“蛋卷”明细账、“其他业务成本”明细账“材料销售”专栏和“原材料”下属各明细账的“发出”栏。❺ 对原材料明细账进行结账，包括结转下年和画线封账。

业务58：**工资费用的分配与结转**。月末，根据考勤记录(略)，分车间、部门和用途，编制“应付工资结算汇总表”，分配并结转工资费用。**账务处理要求与提示：**❶ 根据“应付工资结算汇总表”编制分配并结转工资费用的记账凭证(转18，附件1张)，**借记“生产成本——饼干”“生产成本——蛋卷”“制造费用——工薪费用”“销售费用——工薪费用”“管理费用——工薪费用”账户，贷记“应付职工薪酬——工资”账户**。❷ 根据记账凭证登记“生产成本”下属“饼干”“蛋卷”明细账、“制造费用”“销售费用”“管理费用”明细账的“工薪费用”专栏和“应付职工薪酬——工资”明细账。❸ 对“应

付职工薪酬——工资”明细账进行结账，包括结转下年和画线封账。

业务59：**分配并结转职工福利费**。月末，根据“应付工资结算汇总表”提供的工资总额，按照14%的比例计算并编制“职工福利费计提表”，分配并结转职工福利费。**账务处理要求与提示：**❶ 根据“职工福利费计提表”编制分配并结转工薪费用的记账凭证（转19，附件1张），**借记“生产成本——饼干”“生产成本——蛋卷”“制造费用——工薪费用”“销售费用——工薪费用”“管理费用——工薪费用”账户，贷记“应付职工薪酬——职工福利”账户**。❷ 根据记账凭证登记“生产成本”下属“饼干”“蛋卷”明细账、“制造费用”“销售费用”“管理费用”明细账的“工薪费用”专栏和“应付职工薪酬——职工福利”明细账。❸ 对“应付职工薪酬——职工福利”明细账进行结账，包括结转下年和画线封账。

业务60：**分配并结转水费和电费**。月末，根据各部门用水量和用电量统计记录（略）和单价，编制“水电费用计算分配表”，分配并结转水费和电费。**账务处理要求与提示：**❶ 根据“水电费用计算分配表”编制记账凭证（转20，附件1张），**借记“制造费用——水电费”“管理费用——水电费”账户，贷记“其他应付款——供水公司”“其他应付款——供电公司”账户**。❷ 根据记账凭证登记“制造费用”“管理费用”明细账的“水电费”专栏和“其他应付款”下属“供水公司”“供电公司”明细账。❸ 对“其他应付款”下属“供水公司”“供电公司”明细账进行结账，包括结转下年和画线封账。

业务61：**计提并结转折旧费用**。月末，根据月初固定资产原值和确定的折旧率，计算并编制“固定资产折旧计算汇总表”，计提并结转固定资产折旧费用。**账务处理要求与提示：**❶ 根据“固定资产折旧计算汇总表”编制记账凭证（转21，附件1张），**借记“制造费用——折旧费”“销售费用——折旧费”“管理费用——折旧费”账户，贷记“累计折旧”账户**。❷ 根据记账凭证登记“制造费用”“销售费用”“管理费用”明细账的“折旧费”专栏。❸ “累计折旧”不设置明细账。

业务62：**归集、分配并结转制造费用**。月末，根据“制造费用”明细账所归集的费用总额（借方发生额），按照成本计算对象（各产品）生产工人工资的比例，计算并编制“制造费用分配表”，进行制造费用的分配与结转。**账务处理要求与提示：**❶ 根据“制造费用分配表”编制记账凭证（转22，附件1张），**借记“生产成本——饼干”“生产成本——蛋卷”账户，贷记“制造费用”账户**。❷ 根据记账凭证登记“生产成本”下属“饼干”和“蛋卷”明细账“制造费用”专栏。❸ “制造费用”明细账各个专栏（用红字）登记。❹ 对“制造费用”明细账进行结账，包括画线封账。

业务63：**计算并结转完工产品成本**。月末，根据“生产成本”明细账所记录的生产费用总额，结合“产品入库单”提供的完工数量，分成本项目编制“产品成本计算表”并结转完工产品成本。**账务处理要求与提示：**❶ 根据“产品成本计算表”编制记账凭证（转23，附件2张），**借记“库存商品——饼干”“库存商品——蛋卷”账户，贷记“生产成本——饼干”“生产成本——蛋卷”账户**。❷ 根据记账凭证登记“库存商品”下属“饼干”“蛋卷”明细账和“生产成本”下属“饼干”“蛋卷”明细账（用红字登记）。❸ 对“生产成本”明细账进行结账，包括画线封账。

（二）期末会计事项对应原始凭证的文字描述及账务处理要求与提示

业务64：**采用“月末一次加权平均法”，计算并结转已销产品成本**。月末，根据“库存商品”明细账的期初结存（数量、金额）和本期收入（数量、金额），计算本月已销产品的加权平均单价，结合“产品出库单”提供的数量，编制“主营业务成本计算表”并结转已销产品成本。**账务处理要求与提示：**❶ 根据“主营业务成本计算表”编制记账凭证（转24，附件1张），**借记“主营业务成本——饼干”“主营业务成本——蛋卷”账户，贷记“库存商品——饼干”“库存商品——蛋卷”账户**。❷ 根据记账凭证登记“主营业务成本”明细账“饼干”“蛋卷”专栏、“库存商品”下属“饼干”和“蛋卷”明细账。❸ 对“库存商品”明细账进行结账，包括结转下年和画线封账。

业务65：**计算并结转转出未交（或多交）增值税及应纳城市维护建设税、教育费附加和应纳房产税**。月末，❶ 根据“应交税费——应交增值税”明细账的有关专栏，计算并填制“应交及未交增值税计算表”，结转转出未交增值税。❷ 根据本月应纳增值税税额，按照法定税费率计算本月应纳城市维护建设税和教育费附加，编制“应交城市维护建设税和教育费附加计算表”，结转税金及附加。❸ 编制按照季度计填的“房产税从价计征计算表”，结转应纳房产税。**账务处理要求与提示：**❶ 根据“应交及未交增值税计算表”编制结转转出未交增值税的记账凭证（转 25，附件 1 张），**借记“应交税费——应交增值税（转出未交增值税）”账户，贷记“应交税费——未交增值税”账户。**❷ 根据“应交城市维护建设税和教育费附加计算表”和“房产税从价计征计算表”，编制有关税费结转的记账凭证（转 26，附件 1 张），**借记“税金及附加”账户，贷记“应交税费——应交城市维护建设税”“应交税费——应交教育费附加”“应交税费——应交房产税”账户。**❸ 根据记账凭证（转 25）登记“应交税费——应交增值税”明细账的“转出未交增值税”专栏和“应交税费——未交增值税”明细账。❹ 根据记账凭证（转 26）登记“税金及附加”明细账的“城市维护建设税”“教育费附加”“房产税”专栏和“应交税费”下属“应交城市维护建设税”“应交教育费附加”“应交房产税”明细账。❺ 对以上“应交税费”下属明细账进行结账，包括结转下年和画线封账。

业务 66：**年末，计提坏账准备，确认信用减值损失。**资产负债表日，进行应收款项减值测试，按照信用减值损失的历史数据，确定本年度应计提坏账准备比例为应收款项余额的 3%。31 日，经计算，本年度应补提坏账准备 61 640 元。编制“坏账准备计提表”。**账务处理要求与提示：**❶ 根据原始凭证编制记账凭证（转 27，附件 1 张）：**借记“信用减值损失——坏账损失”账户，贷记“坏账准备——应收账款”账户。**❷ 根据记账凭证登记“信用减值损失”明细账“坏账损失”专栏和“坏账准备——应收账款”明细账。

业务 67：**计提本月份短期借款利息。**月末，根据“短期借款”下属明细账的期初余额、期末余额和规定的借款利率，计算并填制本月“银行借款利息计算表”，计算并结转本月短期借款利息费用。**账务处理要求与提示：**❶ 根据“短期借款利息计算表”编制结算并结转本月利息费用的记账凭证（转 28，附件 1 张），**借记“财务费用——利息支出”账户，贷记“应付利息——工行东支”账户。**❷ 根据记账凭证登记“财务费用”明细账“利息费用”专栏和“应付利息——工行东支”明细账。❸ 对“财务费用”明细账进行结账，画线封账。❹ 对“应付利息——工行东支”明细账进行结账，包括结转下年和画线封账。

业务 68：**计算并结转无形资产摊销。**月末，根据“无形资产”账户下属明细账的期末余额和规定的计提期限，采用“直线法”计算并编制“无形资产摊销表”。**账务处理要求与提示：**❶ 根据原始凭证编制记账凭证（转 29，附件 1 张）：**借记“管理费用——无形资产摊销”账户，贷记“累计摊销”账户。**❷ 根据记账凭证参考“无形资产摊销表”登记“管理费用”明细账“无形资产摊销”专栏。❸ “累计摊销”不设明细账。

业务 69：**“账结法”下，结转损益类账户余额至“本年利润”账户。**月末，根据本月各收入利润类账户的贷方发生额（净额）和费用损失类账户的借方发生额（净额），填制“本月损益类账户发生额汇总表”（结转“本年利润”账前），结转损益类账户发生额至“本年利润”账户。**账务处理要求与提示：**❶ 根据“本月损益类账户发生额汇总表”的**结转前贷方发生额**编制结转收入利润类账户至“本年利润”账户贷方的记账凭证（转 30，附件 1 张），**借记“主营业务收入”“其他业务收入”“营业外收入”账户，贷记“本年利润”账户。**❷ 根据“本月损益类账户发生额汇总表”的**结转前借方发生额**编制结转费用损失类账户至“本年利润”账户借方的记账凭证（转 31，附件 0 张），**借记“本年利润”账户，贷记“主营业务成本”“其他业务成本”“税金及附加”“销售费用”“管理费用”“财务费用”“信用减值损失”“营业外支出”账户。**❸ 根据记账凭证（转 30）参考原始凭证登记“主营业务收入”“其他业务收入 ”和“营业外收入”明细账及各个专栏（用“红字”登记）；同时，分对应科目登记“本年利润”明细账的贷方栏。❹ 根据记账凭证（转 31）登记“主营业务成本”等费用损失类明细账及各个专栏（用“红字”登记）；同时，分对方科目登记“本年利润”明细账的借方栏。

业务 70：**按月预缴企业所得税的申报与所得税费用的结转。**期末，❶ 对损益类账户下属明细账（不包括“所得税费用”明细账）在 12 月月结的基础上进行年度结账，将各损益类账户的 11 月份本年累计行金额与 12 月份的发生额相加，在摘要栏内注明“本年累计”字样，并在 12 月份“本年累计”行下画通栏——双红线（表示“封账”，下同）。❷ 根据各损益类账户的“本年累计”金额，编制“损益类账户全年累计发生额汇总表”。❸ 根据“损益类账户全年累计发生额汇总表”，参考有关明细账，按照所得税按月预缴的要求结转“本年利润”账户前填制“企业所得税按月（季）度预缴纳税申报表(A类)(简易)”,计算并结转本月应交企业所得税税额;同时结转所得税费用至“本年利润”账户。**账务处理要求与提示如下:❶** 根据“企业所得税按月(季)度预缴纳税申报表(A类)(简易)”编制结转应交所得税及所得税费用的记账凭证(转32,附件1张),**借记“所得税费用”账户,贷记“应交税费——应交所得税”账户**;同时,编制结转所得税费用至“本年利润”账户的记账凭证(转33,附件1张),**借记“本年利润”账户,贷记“所得税费用”账户**。❷ 根据记账凭证登记“应交税费——应交所得税”“所得税费用”和“本年利润”明细账。❸ 对“应交税费——应交所得税”和“所得税费用”明细账进行结账,包括结转下年和画线封账。

业务71:**进行年度利润分配**。年末,按照《公司法》的规定和董事会的决定进行利润分配,包括提取法定盈余公积和向投资者分配利润。**账务处理要求与提示:❶** 查阅“本年利润”账户的记录,截至对本年利润进行分配前,该账户为贷方余额5 419 500元(全年净利润),按照《公司法》的规定提取法定盈余公积,按照董事会的决定向投资者实际分配利润4 000 000元,根据实收资本比例进行利润分配,编制“可供分配利润计算及利润分配表”。❷ 根据“可供分配利润计算及利润分配表”编制记账凭证(转34,附件1张)并登记有关明细账,**借记“利润分配——提取法定盈余公积”“利润分配——应付利润”账户,贷记“盈余公积——法定盈余公积”“应付股利——港城投资”“应付股利——海虹机械”账户**。❸ 对“盈余公积”和“应付股利”账户下属明细账进行结账,包括结转下年和画线封账。

业务72:**计算并结转已实现和已分配利润,计算未分配利润**。31日(期末),结转净利润和已分配利润,计算并结转未分配利润。**账务处理要求与提示:❶** 根据“本年利润”和“利润分配”账户的记录,编制“利润结转及未分配利润计算表”,计算本年度累计未分配利润。❷ 根据“利润结转及未分配利润计算表”,编制结转本年已实现净利润的记账凭证(转35,附件1张)并登记有关明细账户,**借记“本年利润”账户,贷记“利润分配——未分配利润”账户**。❸ 编制结转已分配利润的记账凭证(转36,附件1张)并登记有关明细账户,**借记“利润分配——未分配利润”账户,贷记“利润分配——提取法定盈余公积”“利润分配——应付利润”账户**。❹ 对“本年利润”和“利润分配”明细账进行结账,包括结转下年和画线封账。

账务处理到第72笔业务为止,应编制第三张“科目汇总表”(第57—72笔业务)

三、会计报表编制的要求与提示

编制会计报表。根据账簿记录编制会计报表。包括:❶ 编制“试算平衡表”。❷ 编制“资产负债表”。❸ 编制“利润表”。

业务73:**总分类账户发生额及余额试算平衡表的编制提示与要求:❶** 在编制会计报表前,应先对所有总账和明细账进行本期发生额和期末余额“结账”(先用铅笔进行草结)。特别注意:债权债务结算类明细账与资本类明细账已经逐笔结出余额,不需要进行“月结”合计,只需在各月最后一笔业务的下一行画单红线即可;损益类账户明细账的月度结账还需进行“本年累计”,然后,按照平行登记的要求进行总账和明细账核对。❷ 在核对无误的基础上,根据全部总账账户“月结”的金额编制“总账账户本期发生额及余额试算平衡表”。❸ 在试算平衡的基础上,对所有的总账账户进行月度结账和年度结账并画线封账。

业务74:**编制资产负债表的提示与要求:** 根据“总账账户本期发生额及余额试算平衡表”中有关资产、负债及所有者权益类账户的“期末余额”栏数字,参考有关明细账的资料,采用“直接填列法”和“分析填列法”填列“资产负债表”的“期末余额”栏。

业务75:**编制“利润表”的提示与要求:❶** 根据“总账账户本期发生额及余额试算平衡表”中有关损益类账户的“本期发生额”栏金额,结合有关明细账的发生额,填列“利润表”各项目的“本期金额”栏。❷ 根据各损益类账户的“本年累计”金额,按照利润表各项目的填制要求,填列利润表各项的“本年累计金额”栏。❸ 在实际工作中,“本年累计金额”是根据上月利润表的“本年累计金额”栏数字与本月利润表的“本期金额”数字相加后填列。(注:企业会计准则并不要求填写“本年累计金额”,而是填列“上期金额”,即上年同期金额。)

第四章　日常会计交易或事项的账务处理要求及原始凭证

一、日常会计交易或事项的账务处理流程、要求及原始凭证

日常会计交易或事项，是指本月发生的除成本计算、期末会计事项和会计报表编制外的会计交易或事项。

根据企业会计核算的基本岗位设置及职责，结合该企业采用“科目汇总表账务处理程序”的要求，日常会计交易或事项的账务处理流程和要求如下：

(1) **审核会计交易或事项(原始凭证)**。审核员(会计主管)接到外来或自制的原始凭证后：❶ 对其进行合法性、合规性、合理性审核并签署审核意见。❷ 将审核无误的原始凭证按照业务顺序和各凭证撕下递给制单会计。

(2) **编制记账凭证**。制单会计对经审核员(会计主管)审核无误的原始凭证：❶ 在空白记账凭证上编制会计分录并在记账凭证的“制单”处签名或盖章(提示：车间或部门领用材料的业务和产成品入库业务，不编制记账凭证)。❷ 将原始凭证粘贴在已填制完成的记账凭证后面，并将其传递给审核员(会计主管)。❸ 记账凭证右上角的编号：其中：总号填写业务序号，分号分别“收”“付”“转”按照顺序编写。(提示：日常会计事项交易或需要编制收款凭证 11 张、付款凭证 28 张、转账凭证 16 张。)

(3) **登记库存现金和银行存款日记账**。出纳员接到审核员(会计主管)审核无误的收款凭证和付款凭证后：❶ 根据记账凭证逐日、逐笔登记库存现金日记账和银行存款日记账。❷ 在每一日最后一笔收付款业务登记完毕后，按日对日记账进行本日合计并结出余额。(提示：由于本书的库存现金收付款业务较少，可略去对库存现金日记账进行“本日合计”这一步骤。)

(4) **登记明细账**。记账会计根据审核无误的记账凭证和有关原始凭证登记有关明细账，其中：❶ “原材料明细账”的登记依据为“收料单”和“领料单”，“凭证字号”栏的“字”应填写“收”字和“领”字，“号”应填写收料单和领料单右上角的编号。❷ “库存商品明细账”的登记依据为产品入库单和产品出库单，“凭证字号”栏的“字”应填写“入”字和“出”字，“号”应填写入库单和出库单右上角的编号。❸ “原材料明细账”和“库存商品明细账”应逐笔结出结存数量。❹ 其余明细账的登记依据为记账凭证，“凭证字号”栏应填写记账凭证右上角的编号(分号)，分别为：收 1、收 2，……；付 1、付 2、……；转 1、转 2、……。

(5) **编制“科目汇总表”**。本企业分上半月、下半月和期末转账业务编制 3 张“科目汇总表”，当每半月的日常会计交易或事项及期末转账业务填制完记账凭证后，主管会计应对其记账凭证进行汇总，编制“科目汇总表”。

(6) **登记总分类账**。记账会计根据“科目汇总表”登记总账。其中：❶ 凭证字号为：“科汇 1”“科汇 2”和“科汇 3”。❷ 在总账的“摘要”栏应分别填写：“上半月发生额”“下半月发生额”和“期末转账业务”字样。

二、12 月 1—15 日日常会计交易或事项的原始凭证

业务 1 $\frac{1}{3}$

ICBC 中国工商银行 进账单 （收账通知） 3

2019 年 12 月 1 日

出票人	全　称	东海市欣欣食品店	收款人	全　称	东海市童莉食品公司
	账　号	6805860048125		账　号	23004500670089
	开户银行	建行东海市分行		开户银行	工行东海市支行
金额	人民币（大写）	玖拾柒万肆仟零陆拾元整		亿千百十万千百十元角分	¥ 9 7 4 0 6 0 0 0
票据种类	转账支票	票据张数	1		
票据号码	14025112				
	复核　记账			收款人开户银行签章	

中国工商银行东海市支行 2019年12月01日 转讫

此联是收款人开户银行交给收款人的收账通知

业务 1 $\frac{2}{3}$

东海增值税专用发票

2100194130　　此联不作报销扣税凭证使用　　№ 30862166

全国统一发票监制章 国家税务总局 东海市税务局

开票日期：2019 年 12 月 1 日

购买方	名　　称：东海市欣欣食品店 纳税人识别号：91210020384957625X 地 址、电 话：东海市华光路 69 号 29670384 开户行及账号：建设银行东海市分行 6805860048125			密码区	（略）		
货物或应税劳务、服务名称	规格型号	单　位	数　量	单　价	金　额	税　率	税　额
饼干		盒	3 600	150.00	540 000.00	13%	70 200.00
蛋卷		盒	2 300	140.00	322 000.00	13%	41 860.00
合　计					¥862 000.00		¥112 060.00
价税合计（大写）	⊗玖拾柒万肆仟零陆拾元整				（小写）¥974 060.00		
销售方	名　　称：东海市童莉食品公司 纳税人识别号：91210020124321010A 地 址、电 话：东海市建设路 58 号 34560789 开户行及账号：工商银行东海市支行 23004500670089			备注			

收款人：王进宏　　复核：　　开票人：刘宏远　　销售方：（章）

第一联 记账联 销售方记账凭证

业务 1 $\frac{3}{3}$

东海市童莉食品公司 产品出库单

仓库：成品库

购货单位：东海市欣欣食品店　　2019 年 12 月 1 日　　编号：321

产品编号	规格	产品名称	计量单位	数量 应发	数量 实发	单位成本	金额	备　注
（略）	（略）	饼干	盒	3 600	3 600			
（略）	（略）	蛋卷	盒	2 300	2 300			

供销主管：莫发愁　　保管员：甄仔细　　记账：高桂格　　制单：严尧秋

二 财务联

业务 2 $\frac{1}{4}$

东海市童莉食品公司　付款(报账)审批单

部门：供销科　　　　2019 年 12 月 1 日

经手人	艾笑寿	事　由	购鸡蛋冲销预付账款
项目名称	金　额(元)	付款(结算)方式	备　注
材料采购	271 410.00	冲销预付货款	上月按照合同已预付货款 271 410元。
合　计	¥271 410.00		
单位负责人审批	财务主管	部门领导	出纳员
同意。 药童莉	同意。 李一凡	同意。 莫发愁	富友理

附单据 2 张

业务 2 $\frac{2}{4}$

山东增值税专用发票

3701194130　　　　№ 10862165

发票联　　开票日期：2019 年 11 月 27 日

购买方	名　　称：东海市童莉食品公司 纳税人识别号：91210020124321010A 地 址、电 话：东海市建设路 58 号 34560789 开户行及账号：工商银行东海市支行 23004500670089	密码区	(略)				
货物或应税劳务、服务名称	规格型号	单　位	数　量	单　价	金　额	税　率	税　额
鸡蛋		千克	15 000	16.00	240 000.00	9%	21 600.00
合　计					¥240 000.00		¥21 600.00
价税合计(大写)	⊗贰拾陆万壹仟陆佰元整				(小写) ¥261 600.00		
销售方	名　　称：济南市国立鸡场 纳税人识别号：91370118415821600B 地 址、电 话：济南市华夏路 16 号 3308930 开户行及账号：工商银行华夏路办事处 242217790032	备注					

收款人：李晨曦　　复核：　　开票人：张凤帆　　销售方(盖章)

第三联 发票联 购买方记账凭证

冲销预付账款

济南市国立鸡场 91370118415821600B 发票专用章

全国统一发票监制章 国家税务总局 东海市税务局

业务 2 $\frac{3}{4}$

山东增值税专用发票

3701194130　　　　№ 10862165

发票联　　开票日期：2019 年 11 月 27 日

购买方	名　　称：东海市童莉食品公司 纳税人识别号：91210020124321010A 地 址、电 话：东海市建设路 58 号 34560789 开户行及账号：工商银行东海市支行 23004500670089	密码区	(略)				
货物或应税劳务、服务名称	规格型号	单　位	数　量	单　价	金　额	税　率	税　额
运费		吨公里	6 000	1.50	9 000.00	9%	810.00
合　计					¥9 000.00		¥810.00
价税合计(大写)	⊗玖仟捌佰壹拾元整				(小写) ¥9 810.00		
销售方	名　　称：济南市远程物流公司 纳税人识别号：9137010635468E427 地 址、电 话：济南市华夏路 36 号 23508935 开户行及账号：工商银行华夏路办事处 242217790056	备注	起运地：济南市；到达地：东海市；车种车号：鲁A28056；载重：20 吨；承运货物：鸡蛋；重量：15 吨。济南市国立鸡场代垫运费。				

收款人：钟大鹏　　复核：王梦芬　　开票人：刘月美　　销售方(盖章)

第三联 发票联 购货方记账凭证

济南市远程物流公司 9137010635468E427 发票专用章

全国统一发票监制章 国家税务总局 山东省税务局

业务 2 $\frac{4}{4}$

东海市童莉食品公司　　收料单

供货单位：济南市国立鸡场　　　　编号：201

发票号码：10862165　　2019 年 12 月 1 日　　仓库：第二仓库

材料类别	材料编号	材料名称	计量单位	数量		实际成本（元）				备注
				应收	实收	发票价格	采购费用	合计	单价	
（略）	（略）	鸡蛋	千克	15 000	15 000	240 000	9 000	249 000	16.60	
合计						240 000	9 000	249 000		

二 财务联

仓库保管员：李文英　　验收：高桂格　　记账：王格平　　制单：严尧秋

业务 3 $\frac{1}{2}$

东海市童莉食品公司　　付款（报账）审批单

部门：财务科　　2019 年 12 月 1 日

经手人	管望来	事　由	偿还上月欠河东鸡场货款
项目名称	金　额（元）	付款（结算）方式	备　注
偿还前欠货款	226 000.00	转账支票	
合　计	¥226 000.00		
单位负责人审批	财务主管	部门领导	出纳员
同意。药童莉	同意。李一凡	同意。莫发愁	富友理

附单据 2 张

业务 3 $\frac{2}{2}$

中国工商银行　转账支票存根

支票号码 19102100

附加信息

出票日期 2019 年 12 月 1 日

收款人：东海市河东鸡场

金　额：¥226 000.00

用　途：偿还上月欠货款

单位主管：药童莉　　会计：高桂格

业务 4 $\frac{1}{4}$

东海市童莉食品公司　　领料单

领料单位：生产车间　　　　　　　　　　编　　号：101

领料用途：饼干生产　　2019年12月1日　　发料仓库：第一仓库

材料类别	材料编号	材料名称	计量单位	数量		单价	金额
				请领	实发		
（略）	（略）	小麦粉	千克	27 000	27 000		
（略）	（略）	白砂糖	千克	16 000	16 000		

二 财务联

仓库保管员：刘建涛　　领料人：王明亮　　记账：王格平

业务 4 $\frac{2}{4}$

东海市童莉食品公司　　领料单

领料单位：生产车间　　　　　　　　　　编　　号：102

领料用途：蛋卷生产　　2019年12月1日　　发料仓库：第一仓库

材料类别	材料编号	材料名称	计量单位	数量		单价	金额
				请领	实发		
（略）	（略）	小麦粉	千克	13 000	13 000		
（略）	（略）	白砂糖	千克	5 200	5 200		

二 财务联

仓库保管员：刘建涛　　领料人：张国政　　记账：王格平

业务 4 $\frac{3}{4}$

东海市童莉食品公司　　领料单

领料单位：生产车间　　　　　　　　　　编　　号：201

领料用途：饼干生产　　2019年12月1日　　发料仓库：第二仓库

材料类别	材料编号	材料名称	计量单位	数量		单价	金额
				请领	实发		
（略）	（略）	鸡蛋	千克	10 000	10 000		
（略）	（略）	食用油	千克	2 700	2 700		
（略）	（略）	包装盒	个	11 000	11 000		

二 财务联

仓库保管员：李文英　　领料人：王明亮　　记账：王格平

业务 4 $\frac{4}{4}$

东海市童莉食品公司　领料单

领料单位：生产车间　　编　号：202

领料用途：蛋卷生产　　2019 年 12 月 1 日　　发料仓库：第二仓库

材料类别	材料编号	材料名称	计量单位	数量		单价	金额
				请领	实发		
（略）	（略）	鸡蛋	千克	7 800	7 800		
（略）	（略）	食用油	千克	2 600	2 600		
（略）	（略）	包装盒	个	7 350	7 350		

二 财务联

仓库保管员：李文英　　领料人：张国政　　记账：王格平

业务 5 $\frac{1}{5}$

东海市童莉食品公司　付款（报账）审批单

部门：供销科　　2019 年 12 月 3 日

经手人	艾笑寿	事　由	支付购光明面粉厂货款
项目名称	金　额（元）	付款（结算）方式	备　注
材料采购	289 395.00	委托收款（付款通知）	
合　计	￥289 395.00		
单位负责人审批	财务主管	部门领导	出纳员
同意。药童莉	同意。李一凡	同意。莫发愁	富友理

附单据 2 张

业务 5 $\frac{2}{5}$

河南增值税专用发票

全国统一发票监制章 国家税务总局 河南省税务局　发票联

4100194130　　№ 10862155

开票日期：2019 年 12 月 3 日

购买方	名　　称：东海市童莉食品公司 纳税人识别号：91210020124321010A 地 址、电 话：东海市建设路 58 号 34560789 开户行及账号：工商银行东海市支行 23004500670089	密码区	（略）				
货物或应税劳务、服务名称	规格型号	单位	数量	单价	金额	税率	税额
小麦粉		千克	50 000	5.21	260 500.00	9%	23 445.00
合　计					￥260 500.00		￥23 445.00
价税合计（大写）	⊗贰拾捌万叁仟玖佰肆拾伍元整				（小写）￥283 945.00		
销售方	名　　称：郑州宏远面粉厂 纳税人识别号：914101184158AB2161 地 址、电 话：郑州市中华路 86 号 6608938 开户行及账号：工商银行郑州市分行 660044790066	备注	郑州宏远面粉厂 914101184158AB2161 发票专用章				

第三联 发票联 购买方记账凭证

收款人：黄金宏　　复核：　　开票人：刘大远　　销售方（盖章）

业务 5 $\frac{3}{5}$

河南增值税专用发票

№ 12804016

4100194130

发票联

开票日期：2019 年 11 月 28 日

购买方	名　　称：东海市童莉食品公司 纳税人识别号：91210020124321010A 地 址、电 话：东海市建设路 58 号 34560789 开户行及账号：工商银行东海市支行 23004500670089			密码区	（略）		
货物或应税劳务、服务名称	规格型号	单　位	数　量	单　价	金　额	税　率	税　额
运费		吨公里	6 250	0.80	5 000.00	9%	450.00
合　计					¥5 000.00		¥450.00
价税合计（大写）	⊗伍仟肆佰伍拾元整				（小写）¥ 5 450.00		
销售方	名　　称：郑州市顺畅物流公司 纳税人识别号：91410112784BE3852M 地 址、电 话：郑州市东大街 214 号 48569625 开户行及账号：工商银行东大街办事处 3822105844			备注	起运地：郑州市；到达地：东海市；车种车号：豫A38650；载重：54 吨。承运货物：小麦粉；重量：50 吨。		

第三联 发票联 购买方记账凭证

收款人：陆强远　　复核：　　开票人：王月霞　　销售方（盖章）

（印章：全国统一发票监制章 国家税务总局 河南省税务局；郑州市顺畅物流公司 91410112784BE3852M 发票专用章）

业务 5 $\frac{4}{5}$

ICBC 中国工商银行　托收凭证（付款通知）　5　№

委托日期 2019 年 11 月 28 日　　付款期限 2019 年 12 月 3 日

业务类型	委托收款（☑邮划、☐电划）		托收承付（☐邮划、☐电划）				
付款人	全　称	东海市童莉食品公司	收款人	全　称	郑州宏远面粉厂		
	账　号	23004500670089		账　号	660044790066		
	地　址	省东海市/县　开户行　工行东海支行		地　址	河南省郑州市/县　开户行　工行郑州分行		
金额	人民币（大写）贰拾捌万玖仟叁佰玖拾伍元整				亿 千 百 十 万 千 百 十 元 角 分 ¥ 2 8 9 3 9 5 0 0		
款项内容	货款	托收凭据名称	增值税专用发票		附寄单证张数	2	
商品发运情况			合同名称号码				
备注： 付款人开户银行收到日期： 2019 年 12 月 01 日 复核　记账		付款人开户银行签章 2019 年 12 月 03 日	付款人注意： 1. 根据支付结算办法，上列委托收款（托收承付）款项在付款期限内未提出拒付，即视为同意付款，以此代付款通知。 2. 如需提出全部或部分拒付，应在规定期限内，将拒付理由书并附债务证明退交开户银行。				

此联付款人开户银行给付款人按期付款通知

（印章：中国工商银行东海市支行 2019年12月03日 转讫）

业务 5 $\frac{5}{5}$

东海市童莉食品公司　收料单

供货单位：郑州宏远面粉厂　　编号：101

发票号码：10862155　　2019 年 12 月 3 日　　仓库：第一仓库

材料类别	材料编号	材料名称	计量单位	数量		实际成本（元）				备　注
				应收	实收	发票价格	采购费用	合计	单价	
（略）	（略）	小麦粉	千克	50 000	50 000	260 500	5 000	265 500	5.31	
合　计						260 500	5 000	265 500		

二 财务联

仓库保管员：刘建涛　　验收：高桂格　　记账：王格平　　制单：严尧秋

业务 6

东海市童莉食品公司　　收料单

供货单位：南京市华荣金属公司　　　　编号：203

发票号码：10682153　　　　2019 年 12 月 3 日　　　　仓库：第二仓库

材料类别	材料编号	材料名称	计量单位	数量		实际成本（元）				备注
				应收	实收	发票价格	采购费用	合计	单价	
（略）	（略）	包装盒	个	22 000	22 000	220 000		220 000	10.00	在途材料验收入库
合计						220 000		220 000		

在途材料验收入库

二 财务联

仓库保管员：李文英　　验收：高桂格　　记账：王格平　　制单：严尧秋

业务 7 $\frac{1}{4}$

东海市童莉食品公司　　付款（报账）审批单

部门：供销科　　　　2019 年 12 月 5 日

经手人	艾笑寿	事由	购白砂糖并申请签发商业汇票
项目名称	金额（元）	付款（结算）方式	备注
材料采购	881 400.00	商业承兑汇票	运费由销货方负担。
合计	¥881 400.00		
单位负责人审批	财务主管	部门领导	出纳员
同意。药童莉	同意。李一凡	同意。莫发愁	

附单据 2 张

业务 7 $\frac{2}{4}$

广西增值税专用发票

全国统一发票监制章 国家税务总局 广西壮族自治区税务局

发票联

4500194130　　　　№ 10863094

开票日期：2019 年 12 月 5 日

购买方	名称：东海市童莉食品公司 纳税人识别号：91210020124321010A 地址、电话：东海市建设路 58 号 34560789 开户行及账号：工商银行东海市支行 23004500670089			密码区	（略）		
货物或应税劳务、服务名称	规格型号	单位	数量	单价	金额	税率	税额
白砂糖		千克	50 000	15.60	780 000.00	13%	101 400.00
合计					¥780 000.00		¥101 400.00
价税合计（大写）	⊗捌拾捌万壹仟肆佰元整				（小写）¥881 400.00		
销售方	名称：广西北海市田甜制糖公司 纳税人识别号：9145051841582B6006 地址、电话：北海市光明路 16 号 5508931 开户行及账号：工商银行北海市分行 242007790132			备注			

商业承兑汇票

广西北海市田甜制糖公司 9145051841582B6006 发票专用章

第三联 发票联 购买方记账凭证

收款人：李晨曦　　复核：　　开票人：张凤帆　　销售方（盖章）

业务 7 $\frac{3}{4}$

东海市童莉食品公司　　收料单

供货单位：广西北海市田甜制糖公司　　　　编号：102

发票号码：10863094　　　　2019 年 12 月 5 日　　　　仓库：第一仓库

材料类别	材料编号	材料名称	计量单位	数量		实际成本(元)				备注
				应收	实收	发票价格	采购费用	合计	单价	
(略)	(略)	白砂糖	千克	50 000	50 000	780 000		780 000	15.60	
合计						780 000		780 000		

二 财务联

仓库保管员：刘建涛　　验收：高桂格　　记账：王格平　　制单：严尧秋

业务 7 $\frac{4}{4}$

商业承兑汇票(卡片)　　1

10202160

00800369

出票日期（大写）：贰零壹玖年壹拾贰月零伍日

付款人			收款人		
付款人	全称	东海市童莉食品公司	收款人	全称	广西北海市田甜制糖公司
	账号	23004500670089		账号	242007790132
	开户银行	工商银行东海市支行		开户银行	工商银行北海市分行

出票金额	人民币（大写） 捌拾捌万壹仟肆佰元整	亿	千	百	十	万	千	百	十	元	角	分
				¥	8	8	1	4	0	0	0	0

汇票到期日（大写）	贰零贰零年零陆月零伍日	付款人开户行	行号	105603000606
交易合同号码	H2017　3849		地址	东海市建设路 180 号

备注：

出票人签章　　（印章：东海市童莉食品公司 财务专用章；药利童印）

此联由承兑人存查

业务 8 $\frac{1}{2}$

东海增值税专用发票　　№ 30862167

2100194130

此联不作报销扣税凭证使用　　　　开票日期：2019 年 12 月 5 日

（印章：全国统一发票监制章 国家税务总局 东海市税务局；货款未收）

购买方	名称：东海市光华商场 纳税人识别号：9121002038495386XW 地址、电话：东海市前进路 42 号 48670327 开户行及账号：交通银行东海市分行 2900860048360	密码区	(略)

货物或应税劳务、服务名称	规格型号	单位	数量	单价	金额	税率	税额
饼干		盒	3 200	150.00	480 000.00	13%	62 400.00
蛋卷		盒	2 300	140.00	322 000.00	13%	41 860.00
合计					¥802 000.00		¥104 260.00

价税合计(大写)　⊗玖拾万陆仟贰佰陆拾元整　　（小写）¥906 260.00

销售方	名称：东海市童莉食品公司 纳税人识别号：91210020124321010A 地址、电话：东海市建设路 58 号 34560789 开户行及账号：工商银行东海市支行 23004500670089	备注	购货方承诺月底付款。

收款人：王进宏　　复核：　　开票人：刘宏远　　销售方(盖章)

第一联 记账联 销售方记账凭证

业务 8 $\frac{2}{2}$

东海市童莉食品公司　产品出库单

仓库：成品库

购货单位：东海市光华商场　　2019 年 12 月 5 日　　编号：322

产品编号	规格	产品名称	计量单位	数量 应发	数量 实发	单位成本	金额	备注
（略）	（略）	饼干	盒	3 200	3 200			赊销
（略）	（略）	蛋卷	盒	2 300	2 300			

二 财务联

供销主管：莫发愁　保管员：甄仔细　记账：高桂格　制单：严尧秋

业务 9 $\frac{1}{2}$

东海市童莉食品公司　付款（报账）审批单

部门：供销科　　2019 年 12 月 7 日

经手人	艾笑寿	事　由	申请预付购货款
项目名称	金　额（元）	付款（结算）方式	备　注
预付货款	367 400. 00	汇兑——电汇	购济南市国立鸡场鸡蛋
合　计	367 400. 00		
单位负责人审批	财务主管	部门领导	出纳员
同意。 药童莉	同意。 李一凡	同意。 莫发愁	富友理

附单据 2 张

业务 9 $\frac{2}{2}$

ICBC 中国工商银行　电汇凭证（回　单）　1

☑普通　□加急　　委托日期 2019 年 12 月 07 日　　第 1 号

汇款人	全　称	东海市童莉食品公司	收款人	全　称	济南市国立鸡场
	账　号	23004500670089		账　号	242217790032
汇出行名称		工商银行东海市支行	汇入行名称		工商银行华夏路办事处
金额	人民币（大写）	叁拾陆万柒仟肆佰元整			亿 千 百 十 万 千 百 十 元 角 分：¥ 3 6 7 4 0 0 0 0
中国工商银行东海市支行 2019年12月07日 转讫　汇出行签章			支付密码		
			附加信息及用途：预付济南市国立鸡场货款。 复核：　记账： 2019 年 12 月 07 日		

此联汇出行给汇款人的回单

业务 10

东海市童莉食品公司　产品入库单

交库单位：生产车间　　2019 年 12 月 7 日　　仓库：成品库　编号：311

产品编号	规格	产品名称	计量单位	数量		单位成本	总成本	备注
				送检	实收			
（略）	（略）	饼干	盒	8 000	8 000			完工入库
（略）	（略）	蛋卷	盒	5 500	5 500			

二 财务联

车间主管：高安全　　保管员：甄仔细　　记账：高桂格　　制单：严尧秋

业务 11 $\frac{1}{3}$

东海增值税专用发票

2100194130　　此联不作报销扣税凭证使用　　№ 30862168

开票日期：2019 年 12 月 7 日

全国统一发票监制章 国家税务总局 东海市税务局

购买方	名称：沈阳市欢喜食品店 纳税人识别号：912101063849538694 地址、电话：沈阳市北大街 42 号 48670327 开户行及账号：工商银行沈阳市分行 2900860048360	密码区	（略）			
货物或应税劳务、服务名称	**规格型号**	**单位**	**数量**	**单价**	**金额**	**税率**	**税额**
饼干		盒	3 900	150.00	585 000.00	13%	76 050.00
蛋卷		盒	2 600	140.00	364 000.00	13%	47 320.00
合计					¥949 000.00		¥123 370.00
价税合计（大写）	⊗壹佰零柒万贰仟叁佰柒拾元整			（小写）¥1 072 370.00			
销售方	名称：东海市童莉食品公司 纳税人识别号：91210020124321010A 地址、电话：东海市建设路 58 号 34560789 开户行及账号：工商银行东海市支行 23004500670089	备注	收到对方签发并承兑的商业汇票。			

商业承兑汇票

第一联 记账联 销售方记账凭证

收款人：王进宏　　复核：　　开票人：刘宏远　　销售方（盖章）

业务 11 $\frac{2}{3}$

商业承兑汇票　2

出票日期（大写）贰零壹玖年壹拾贰月零柒日　　10202160 00800371

付款人	全称	沈阳市欢喜食品店	收款人	全称	东海市童莉食品公司
	账号	2900860048360		账号	23004500670089
	开户银行	工商银行沈阳市分行		开户银行	工商银行东海市支行
出票金额	人民币（大写）	壹佰零柒万贰仟叁佰柒拾元整	亿 千 百 十 万 千 百 十 元 角 分		¥ 1 0 7 2 3 7 0 0 0
汇票到期日（大写）	贰零贰零年零肆月零柒日		付款人开户行	行号	380011457
交易合同号码				地址	沈阳市明星路 388 号
本汇票已经承兑，到期无条件付款。 承兑人签章 承兑日期 2019 年 12 月 07 日			本汇票请予以承兑，并于到期日付款。 出票人签章		

沈阳市欢喜食品店 财务专用章　张喜欢印　复印件与原件核对一致

此联持票人开户行随托收凭证寄付款人开户行作借方凭证附件

业务 11 $\frac{3}{3}$

东海市童莉食品公司　　产品出库单

仓库：成品库

购货单位：沈阳市欢喜食品店　　2019 年 12 月 7 日　　编号：323

产品编号	规格	产品名称	计量单位	数量		单位成本	金额	备注
				应发	实发			
（略）	（略）	饼干	盒	3 900	3 900			货物由对方自提。
（略）	（略）	蛋卷	盒	2 600	2 600			

二 财务联

供销主管：莫发愁　　保管员：甄仔细　　记账：高桂格　　制单：严尧秋

业务 12 $\frac{1}{5}$

东海市童莉食品公司　　付款（报账）审批单

部门：供销科　　2019 年 12 月 7 日

经手人	艾笑寿	事　由	申请签发购货商业承兑汇票
项目名称	金　额（元）	付款（结算）方式	备　注
材料采购	235 440.00	商业承兑汇票	对方代垫运费 材料已验收入库
合　计	￥235 440.00		
单位负责人审批	财务主管	部门领导	出纳员
同意。 药童莉	同意。 李一凡	同意。 莫发愁	

附单据 2 张

业务 12 $\frac{2}{5}$

浙江增值税专用发票

№ 10864074

3300194130　　开票日期：2019 年 12 月 5 日

购买方	名　　称：东海市童莉食品公司 纳税人识别号：91210020124321010A 地 址、电 话：东海市建设路 58 号 34560789 开户行及账号：工商银行东海市支行 23004500670089			密码区	（略）		
货物或应税劳务、服务名称	规格型号	单　位	数　量	单　价	金　额	税　率	税　额
食用油		千克	12 000	17.00	204 000.00	9%	18 360.00
合　计					￥204 000.00		￥18 360.00
价税合计（大写）	⊗贰拾贰万贰仟叁佰陆拾元整				（小写）￥222 360.00		
销售方	名　　称：杭州市盛达油脂公司 纳税人识别号：91330125311310102E 地 址、电 话：杭州市文三路 16 号 5508931 开户行及账号：工商银行杭州市分行 442007790086			备注			

第三联 发票联 购买方记账凭证

收款人：李鼎旺　　复核：　　开票人：郭世达　　销售方（盖章）

（印章：全国统一发票监制章 国家税务总局 浙江省税务局；商业承兑汇票；杭州市盛达油脂公司 91330125311310102E 发票专用章）

业务 12 $\frac{3}{5}$

浙江增值税专用发票

№ 62804016

3301194130

（印章：全国统一发票监制章 国家税务总局 浙江省税务局）

发票联

开票日期：2019 年 12 月 5 日

购买方	名 称：东海市童莉食品公司 纳税人识别号：91210020124321010A 地 址、电 话：东海市建设路 58 号 34560789 开户行及账号：工商银行东海市支行 23004500670089	密码区	（略）			
货物或应税劳务、服务名称	规格型号	单 位	数 量	单 价	金 额	税 率	税 额
运费		吨公里	12 000	1.00	12 000.00	9%	1 080.00
合 计					¥12 000.00		¥1 080.00
价税合计（大写）	⊗壹万叁仟零捌拾元整				（小写）¥ 13 080.00		
销售方	名 称：杭州市鸿运物流公司 纳税人识别号：913301063546DT38M 地 址、电 话：杭州市东大街 214 号 48569625 开户行及账号：工商银行东大街办事处 3822105844	备注	起运地：杭州市；到达地：东海市；车种车号：浙A26054；载重：15 吨。承运货物：食用油；重量：12 吨。			

第三联 发票联 购买方记账凭证

（印章：杭州市鸿运物流公司 913301063546DT38M 发票专用章）

收款人：陆国辉　　复核：　　开票人：刘美娣　　销售方（盖章）

业务 12 $\frac{4}{5}$

东海市童莉食品公司　收料单

供货单位：杭州市盛达油脂公司　　编号：204

发票号码：10864074　　2019年 12月 7日　　仓库：第二仓库

材料类别	材料编号	材料名称	计量单位	数量		实际成本（元）				备 注
				应收	实收	发票价格	采购费用	合计	单价	
（略）	（略）	食用油	千克	12 000	12 000	204 000	12 000	216 000	18.00	
合 计						204 000	12 000	216 000		

二 财务联

仓库保管员：李文英　　验收：高桂格　　记账：王格平　　制单：严尧秋

业务 12 $\frac{5}{5}$

商业承兑汇票（卡片）

1　　10202160
00800386

出票日期（大写）贰零壹玖年壹拾贰月零柒日

付款人	全 称	东海市童莉食品公司	收款人	全 称	杭州市盛达油脂公司
	账 号	23004500670089		账 号	442007790086
	开户银行	工商银行东海市支行		开户银行	工商银行杭州市分行
出票金额	人民币（大写）	贰拾叁万伍仟肆佰肆拾元整		亿 千 百 十 万 千 百 十 元 角 分	¥ 2 3 5 4 4 0 0 0
汇票到期日（大写）	贰零贰零年零陆月零柒日		付款人开户行	行号	105603000606
交易合同号码				地址	东海市建设路 180 号
		出票人签章	备注：		

此联由承兑人存查

（印章：东海市童莉食品公司 财务专用章）（印章：童莉药印）

业务 13

ICBC 中国工商银行 托收凭证（收账通知） 4 No

委托日期 2019 年 11 月 30 日　　付款期限 2019 年 12 月 7 日

业务类型	委托收款（☑邮划、☐电划）		托收承付（☐邮划、☐电划）	
付款人 全称	兰州市红星商场		收款人 全称	东海市童莉食品公司
付款人 账号	2400620048378		收款人 账号	23004500670089
付款人 地址	甘肃省兰州市/县	开户行：工行兰州分行	收款人 地址	省东海市/县　开户行：工行东海支行
金额 人民币（大写）	柒拾叁万壹仟伍佰贰拾元整		亿千百十万千百十元角分	￥73152000
款项内容	货款	托收凭据名称：增值税专用发票	附寄单证张数	1
商品发运情况		合同名称号码		
备注： 复核　记账		上列款项已划回收入你方账户内。 收款人开户银行签章 2019 年 12 月 07 日	收到上月托收的货款。	

（印章：中国工商银行东海市支行 2019年12月07日 转讫）

此联付款人开户行凭以汇款或收款人开户银行作收账通知

业务 14

ICBC 中国工商银行 进账单（收账通知） 3

2019 年 12 月 9 日

出票人 全称	东海市光华商场	收款人 全称	东海市童莉食品公司	
出票人 账号	2900860048360	收款人 账号	23004500670089	
出票人 开户银行	交行东海市分行	收款人 开户银行	工行东海市支行	
金额 人民币（大写）	叁拾捌万壹仟元整		亿千百十万千百十元角分	￥38100000
票据种类	转账支票	票据张数	1	
票据号码	25025102		东海市光华商场偿还上月欠货款。	
复核　记账			收款人开户银行签章	

（印章：中国工商银行东海市支行 2019年12月07日 转讫）

此联是收款人开户银行交给收款人的收账通知

业务 15 $\frac{1}{3}$

东海市童莉食品公司 付款（报账）审批单

部门：供销科　　2019 年 12 月 9 日

经手人	艾笑寿	事　由	赊购东海市河东鸡场鸡蛋
项目名称	金　额（元）	付款（结算）方式	备　注
材料采购	361 880.00	赊购	货款与对方商妥下月支付。
合　计	￥361 880.00		
单位负责人审批	财务主管	部门领导	出纳员
同意。药童莉	同意。李一凡	同意。莫发愁	

附单据 2 张

业务 15 $\frac{2}{3}$

东海市童莉食品公司　　收料单

供货单位：东海市河东鸡场　　　　　　　　　　　　　　　　　编号：206

发票号码：10462167　　　　2019 年 12 月 9 日　　　　　　　　仓库：第二仓库

材料类别	材料编号	材料名称	计量单位	数量		实际成本(元)				备注
				应收	实收	发票价格	采购费用	合计	单价	
(略)	(略)	鸡蛋	千克	20 000	20 000	332 000		332 000	16.60	货款下月支付
合计						332 000		332 000		

二 财务联

仓库保管员：李文英　　验收：高桂格　　记账：王格平　　制单：严尧秋

业务 15 $\frac{3}{3}$

东海增值税专用发票

№ 10462167

2100194130　　　　　　　　　　开票日期：2019 年 12 月 9 日

(印章：全国统一发票监制章 国家税务总局 东海市税务局)

(印章：货款未付)

购买方	名称：东海市童莉食品公司 纳税人识别号：91210020124321010A 地址、电话：东海市建设路 58 号 34560789 开户行及账号：工商银行东海市支行 23004500670089				密码区	(略)	
货物或应税劳务、服务名称	规格型号	单位	数量	单价	金额	税率	税额
鸡蛋		千克	20 000	16.60	332 000.00	9%	29 880.00
合计					¥332 000.00		¥29 880.00
价税合计(大写)	⊗叁拾陆万壹仟捌佰捌拾元整				(小写) ¥ 361 880.00		
销售方	名称：东海市河东鸡场 纳税人识别号：912101184185216WH4 地址、电话：东海市建设路 16 号 34089302 开户行及账号：工商银行东海市支行 2400360046208				备注	货款购货方承诺下月付款。	

(印章：东海市河东鸡场 912101184185216WH4 发票专用章)

第三联 发票联 购买方记账凭证

收款人：赵东升　　复核：　　开票人：张永丰　　销售方(盖章)

业务 16 $\frac{1}{6}$

东海市童莉食品公司　　差旅费报销单

报销日期：2019 年 12 月 9 日　　　　　　　　附单据 3 张

姓名			艾笑寿			出差事由		参加西安市新产品展销会				
启程日期及地点			到达日期及地点			交通工具	车船票票面金额	出差补助		住宿费		金额合计
月	日	地点	月	日	地点			天	金额	价款	税额	
11	28	东海	11	28	临港	火车	109.00	6	1 200.00	1 800.00	108.00	3 217.00
11	28	临港	11	28	西安	飞机	2 557.00					2 557.00
12	3	西安	12	3	临港	飞机	2 557.00					2 557.00
12	3	临港	12	3	东海	汽车	103.00					103.00
							5 326.00		1 200.00	1 800.00	108.00	8 434.00
实报金额	人民币(大写) 捌仟肆佰叁拾肆元整						¥8 434.00	预借金额		应补金额		应退金额
								¥8 000.00		¥434.00		
以下由财务部门填写												
购进国内旅客运输服务票外应抵扣的进项税额计算			航空、铁路运输			(2 507+2 507+109)/(1+9%)×9%=423.00(元)						
			公路、水路等运输			103/(1+3%)×3%=3.00(元)						

财务主管：李一凡　　出差人：艾笑寿　　出纳：富友理

业务 16 $\frac{2}{6}$

R130890　　检票：二层3号检票口

东海 站 DongHai → 临港 站 LinGang

2019年11月28日 8:00 开

¥109.00 元　网折　二等座

限乘当日当次车

3210021979****1565艾笑寿

买票请到12306 发货请到95306
中国铁路祝您旅途愉快

238192102505R22523661　海虹售

业务 16 $\frac{5}{6}$

临港市汽车客票

NO.3708321200049207
艾笑寿
3210021979****1565　临港 0049–00049207 77次 → 东海

乘车日期	发车时间	检票口	车牌号	座位号
2019-12-03	8:25	1		1
车辆车型/等级/类别		上限票价	客票类型	执行票价
高级		103.00	全	103.00
限乘当日当次车				

业务 16 $\frac{3}{6}$

航空运输电子客票行程单

ITINERARY/RECEIPT OF E-TICKET FOR AIR TRANSPORT (partly hidden by a seal)

印刷序号：SERIALNUMBER：1097781868 1

付款凭证 RECEIPT　手写无效 INVALID IN HANDWRITING

旅客姓名 NAME OF PASSENGER	有效身份证件号码 ID.NO.	签注 ENDORSEMENTS/RESTRICTIONS (CARBON)
艾笑寿	3210021979****1565	不得转签

	承运人 CARRIER	航班号 FLIGHT	座位等级 CLASS	日期 DATE	时间 TIME	客票级别/客票类别 FARE BASIS	客票生效日期 NOTVALID BEFORE	有效截至日期 NOTVALID AFTER	免费行李 ALLOW
自 FROM 临港	春秋	9C8977	X	2019–11–28	12:25	Y			15KG
至 TO 西安									
至 TO VOID									
至 TO VOID									
至 TO VOID									

票价 FARE	机场建设费 AIRPORT TAX	燃油附加费 FUEL SURCHARGE	其他税费 OTHER TAXES	合计 TOEAL
2507.00	50.00			CNY2557.00

电子客票号码 E-TICKETNO.	验证码 CK.	提示信息 INFORMATION (partly hidden by a seal)	保险费 INSURANCE
1097781868		星城T1航站楼乘机	CNY0

销售单位代号 AGENTCODE.	填开单位 ISSUEDBY	填开日期 DATE OF ISSUE
1051/KSMICY/81868	98417	2019–11–28

验真网址：WWW.TRAVELSKY.COM　服务热线：400–815–888　短信验真：发送JP至10669018

请旅客乘机前认真阅读《旅客须知》及承运人的运输总条件内容
The Important Notice and the general condition of carriage must be read before travlling

业务 16 $\frac{4}{6}$

航空运输电子客票行程单

ITINERARY/RECEIPT OF E-TICKET FOR AIR TRANSPORT (partly hidden by a seal)

印刷序号：SERIALNUMBER：1097781868 2

付款凭证 RECEIPT　手写无效 INVALID IN HANDWRITING

旅客姓名 NAME OF PASSENGER	有效身份证件号码 ID.NO.	签注 ENDORSEMENTS/RESTRICTIONS (CARBON)
艾笑寿	3210021979****1565	不得转签

	承运人 CARRIER	航班号 FLIGHT	座位等级 CLASS	日期 DATE	时间 TIME	客票级别/客票类别 FARE BASIS	客票生效日期 NOTVALID BEFORE	有效截至日期 NOTVALID AFTER	免费行李 ALLOW
自 FROM 西安	春秋	9C8977	X	2019–12–03	20:35	Y			15KG
至 TO 临港									
至 TO VOID									
至 TO VOID									
至 TO VOID									

票价 FARE	机场建设费 AIRPORT TAX	燃油附加费 FUEL SURCHARGE	其他税费 OTHER TAXES	合计 TOEAL
2507.00	50.00			CNY2557.00

电子客票号码 E-TICKETNO.	验证码 CK.	提示信息 INFORMATION (partly hidden by a seal)	保险费 INSURANCE
1097781868		星城T1航站楼乘机	CNY0

销售单位代号 AGENTCODE.	填开单位 ISSUEDBY	填开日期 DATE OF ISSUE
1051/KSMICY/81868	98417	2019–12–03

验真网址：WWW.TRAVELSKY.COM　服务热线：400–815–888　短信验真：发送JP至10669018

请旅客乘机前认真阅读《旅客须知》及承运人的运输总条件内容
The Important Notice and the general condition of carriage must be read before travlling

业务 16 $\frac{6}{6}$

陕西增值税专用发票

№ 15464880

6401194130

（印章：全国统一发票监制章 国家税务总局 陕西省税务局）

发票联

开票日期：2019 年 12 月 3 日

购买方	名　称：东海市童莉食品公司 纳税人识别号：91210020124321010A 地 址、电 话：东海市建设路 58 号 34560789 开户行及账号：工商银行东海市支行 23004500670089			密码区	（略）		
货物或应税劳务、服务名称	规格型号	单　位	数　量	单　价	金　额	税　率	税　额
住宿费		天	5	360	1 800.00	6%	108.00
合　计					￥1 800.00		￥108.00
价税合计（大写）	⊗壹仟玖佰零捌元整				（小写）￥1 908.00		
销售方	名　称：西安市强盛大酒店 纳税人识别号：91640106301454785X 地 址、电 话：西安市外环路 169 号 68089093 开户行及账号：工商银行外环路办事处 3800408901			备注	（印章：西安市强盛大酒店 91640106301454785X 发票专用章）		

第三联 发票联 购货方记账凭证

收款人：周前进　　复核：　　开票人：杨灿烂　　销售方（盖章）

业务 17 $\frac{1}{2}$

东海市童莉食品公司　付款（报账）审批单

部门：财务科　　2019 年 12 月 9 日

经手人	管望来	事　由	支付到期商业承兑汇票款
项目名称	金　额（元）	付款（结算）方式	备　注
应付票据	175 500.00	委托收款（付款通知）	
合　计	￥175 500.00		
单位负责人审批	财务主管	部门领导	出纳员
同意。药童莉	同意。李一凡	同意。莫发愁	富友理

附单据 2 张

业务 17 $\frac{2}{2}$

ICBC 中国工商银行　托收凭证（付款通知）　5　№

委托日期 2019 年 12 月 5 日　　付款期限 2019 年 12 月 9 日

业务类型	委托收款（☑邮划、□电划）		托收承付（□邮划、□电划）				
付款人	全　称	东海市童莉食品公司	收款人	全　称	广西北海市田甜制糖公司		
	账　号	23004500670089		账　号	242007790132		
	地　址	省东海市/县　开户行　工行东海支行		地　址	广西省北海市/县　开户行　工行北海分行		
金额	人民币（大写）壹拾柒万伍仟伍佰元整				亿 千 百 十 万 千 百 十 元 角 分 ￥ 1 7 5 5 0 0 0 0		
款项内容	应收票据款	托收凭据名称	商业承兑汇票 2		附寄单证张数	1	
商品发运情况			合同名称号码				
备注： 付款人开户银行收到日期： 2019 年 12 月 9 日 复核　记账	付款人开户银行签章 2019 年 12 月 9 日		付款人注意： 1. 根据支付结算办法，上列委托收款（托收承付）款项在付款期限内未提出拒付，即视为同意付款，以此代付款通知。 2. 如需提出全部或部分拒付，应在规定期限内，将拒付理由书并附债务证明退交开户银行。				

（印章：中国工商银行东海市支行 2019年12月9日 转讫）

此联付款人开户银行给付款人按期付款通知

业务 18 $\frac{1}{2}$

中华人民共和国税收缴款书

(2019) 东税缴 50570525

注册类型：有限责任公司　　填发日期：2019 年 12 月 09 日　　征收机关：东海市税务分局

缴款单位（人）			预算科目		
	代码	91210020124321010A		编码	
	全称	东海市童莉食品公司		名称	增值税
	开户银行	工行东海市支行		级次	
	账号	23004500670089	收款国库		东海市中心支库
税款所属时期		2019 年 11 月 1 日—30 日	税款限缴日期		2019 年 12 月 10 日

品目名称	课税数量	计税金额或销售收入	税率或单位税额	已缴或扣除额	亿	千	百	十	万	千	百	十	元	角	分
增值税			13%					1	5	0	0	0	0	0	0
金额合计	人民币（大写）壹拾伍万元整						¥	1	5	0	0	0	0	0	0

缴款单位（人）（盖章） 经办人（章）	税务机关（盖章） 填票人（章）	上列款项已收妥并划转收款单位账户 国库（银行）盖章 年 月 日	备注

（印章：东海市童莉食品公司 财务专用章；药莉童印；东海市税务分局 征税专用章；中国工商银行东海市支行 2019年12月09日 转讫；全国统一发票监制章 国家税务总局监制）

无银行收讫章无效

第一联（收据）国库（银行）收款盖章后退缴款单位（人）作完税凭证

逾期不缴按税法规定加收滞纳金

业务 18 $\frac{2}{2}$

中华人民共和国税收缴款书

(2019) 东税缴 30370323

注册类型：有限责任公司　　填发日期：2019 年 12 月 09 日　　征收机关：东海市税务分局

缴款单位（人）			预算科目		
	代码	91210020124321010A		编码	
	全称	东海市童莉食品公司		名称	企业所得税、城市维护建设税、教育费附加
	开户银行	工行东海市支行		级次	
	账号	23004500670089	收款国库		东海市中心支库
税款所属时期		2019 年 11 月 1 日—30 日	税款限缴日期		2019 年 12 月 10 日

品目名称	课税数量	计税金额或销售收入	税率或单位税额	已缴或扣除额	亿	千	百	十	万	千	百	十	元	角	分
企业所得税		720 000	25%					1	4	5	0	0	0	0	0
城市维护建设税		600 000	7%						2	1	5	6	0	0	0
教育费附加		600 000	3%							9	2	4	0	0	0
金额合计	人民币（大写）壹拾柒万伍仟捌佰元整						¥	1	7	5	8	0	0	0	0

缴款单位（人）（盖章） 经办人（章）	税务机关（盖章） 填票人（章）	上列款项已收妥并划转收款单位账户 国库（银行）盖章 年 月 日	备注：

（印章：东海市童莉食品公司 财务专用章；药莉童印；东海市税务分局 征税专用章；中国工商银行东海市支行 2019年12月09日 转讫；全国统一发票监制章 国家税务总局监制）

无银行收讫章无效

第一联（收据）国库（银行）收款盖章后退缴款单位（人）作完税凭证

逾期不缴按税法规定加收滞纳金

业务 19 $\frac{1}{3}$

东海市童莉食品公司　付款(报账)审批单

部门：供销科　　　　2019 年 12 月 11 日

经手人	艾笑寿	事　由	支付房屋修理费
项目名称	金　额(元)	付款(结算)方式	备　注
修理费用	56 816.00	转账支票	
合　计	￥56 816.00		
单位负责人审批	财务主管	部门领导	出纳员
同意。药童莉	同意。李一凡	同意。莫发愁	富友理

附单据 2 张

业务 19 $\frac{2}{3}$

东海增值税专用发票

2101194130　　发票联　　№ 10464165

开票日期：2019 年 12 月 11 日

购买方	名　　称：东海市童莉食品公司 纳税人识别号：91210020124321010A 地 址、电 话：东海市建设路 58 号 34560789 开户行及账号：工商银行东海市支行 23004500670089			密码区	(略)		
货物或应税劳务、服务名称	规格型号	单　位	数　量	单　价	金　额	税　率	税　额
修理费		平方米	1 072	50.00	53 600.00	6%	3 216.00
合　计					￥53 600.00		￥3 216.00
价税合计(大写)	⊗伍万陆仟捌佰壹拾陆元整				(小写) ￥56 816.00		
销售方	名　　称：东海市方正建筑公司 纳税人识别号：91210112784668216K 地 址、电 话：东海市建设路 32 号 34089486 开户行及账号：工商银行东海市支行 2300360038579			备注	东海市方正建筑公司 91210112784668216K 发票专用章		

收款人：刘平安　　复核：　　开票人：张明辉　　销售方(盖章)

第三联 发票联 购货方记账凭证

业务 19 $\frac{3}{3}$

中国工商银行　转账支票存根

支票号码 19203134

附加信息

出票日期 2019 年 12 月 11 日

收款人：	东海市方正建筑公司
金　额：	￥56 816.00
用　途：	支付修理费

单位主管：药童莉　　会计：高桂格

业务 20 $\frac{1}{3}$

东海市童莉食品公司　　报账(付款)审批单

部门：财务科　　　　2019 年 12 月 11 日

经手人	甄紫曦	事　由	发放上月工资
项目名称	金　额(元)	付款(结算)方式	备　注
应付职工薪酬	1 700 000.00	银行批量代付	上月实发工资为 1 700 000 元，直接转入职工个人银行卡。
合　计	¥1 700 000.00		
单位负责人审批	财务主管	部门领导	出纳员
同意。药童莉	同意。李一凡		富友理

附单据 2 张

业务 20 $\frac{2}{3}$

ICBC 中国工商银行　电子转账凭证

币种：人民币　　委托日期 2019 年 12 月 11 日　　凭证编号：00278561

付款人			收款人		
付款人	全　称	东海市童莉食品公司	收款人	全　称	批量代付
	账　号	23004500670089		账　号	(略)
	汇出地点	东海市		地　址	东海市
汇出行名称		中国工商银行东海市支行	汇入行名称		中国工商银行东海市支行
金额	人民币(大写) 壹佰柒拾万元整				亿 千 百 十 万 千 百 十 元 角 分：¥ 1 7 0 0 0 0 0 0 0
附加信息及用途：职工工资			支付密码		
		银行盖章	根据中国工商银行东海市童莉食品公司客户 120930 号电子命令，上述款项已由本行支付。客户经办人：1562　复核：　记账：		

中国工商银行东海市支行 2019年12月11日 转讫

第一联 客户回单

业务 20 $\frac{3}{3}$

特色业务中国工商银行批量代付成功清单

机构代码：912100402134560703　　机构名称：工商银行东海支行　　入账日期：2019 年 12 月 11 日

客户账号	姓　名	金　额
6220241000005160341	(略)	(略)
6220241000005160342	(略)	(略)
6220241000005160343	(略)	(略)
6220241000005160344	(略)	(略)
6220241000005160345	(略)	(略)
(以下略)	(略)	(略)
合　计		¥1 700 000.00

业务 21 $\frac{1}{7}$

东海市童莉食品公司　差旅费报销单

报销日期：2019 年 12 月 11 日　　附单据 3 张

姓名			龚格英			出差事由		参加济南市新产品技术展销会议				
启程日期及地点			到达日期及地点			交通工具	车船票票面金额	出差补助		住宿费		金额合计
月	日	地点	月	日	地点			天	金额	价款	税额	
12	4	东海	12	4	港城	汽车	206.00	4	720.00	900.00	54.00	1 880.00
12	4	港城	12	4	济南	飞机	1 685.00					1 685.00
12	7	济南	12	7	港城	飞机	1 685.00					1 685.00
12	7	港城	12	7	东海	汽车	206.00					206.00
小计							3 782.00	小计	720.00	900.00	54.00	5 456.00
实报金额	人民币（大写）伍仟肆佰伍拾陆元正　（小写）￥5 456.00							预借金额		应补金额		应退金额
								￥5 700.00				￥244.00
以下由财务部门填写												
购进国内旅客运输服务票外应抵扣的进项税额计算			航空、铁路运输			(1 635+1 635)/(1+9%)×9%=270.00(元)						
			公路、水路等运输			(206+206)/(1+3%)×3%=12.00(元)						

财务主管：李一凡　　出差人：龚格英　　出纳：富友理

业务 21 $\frac{2}{7}$

山东增值税专用发票

3701194130　　№ 15464880

发票联（全国统一发票监制章 国家税务总局 山东省税务局）

开票日期：2019 年 12 月 7 日

购买方	名称：东海市童莉食品公司 纳税人识别号：91210020124321010A 地址、电话：东海市建设路 58 号 34560789 开户行及账号：工商银行东海市支行 23004500670089			密码区	（略）		
货物或应税劳务、服务名称	规格型号	单位	数量	单价	金额	税率	税额
住宿费		天	3	300.00	900.00	6%	54.00
合计					￥900.00		￥54.00
价税合计（大写）	⊗玖佰伍拾肆元整				（小写）￥954.00		
销售方	名称：济南市和平大酒店 纳税人识别号：91370106301AB4785X 地址、电话：济南市济微路 106 号 68089093 开户行及账号：工商银行济微路办事处 3800408901			备注	济南市和平大酒店 91370106301AB4785X 发票专用章		

第三联 发票联 购货方记账凭证

收款人：周前进　　复核：　　开票人：杨翠兰　　销售方（盖章）

业务 21 $\frac{3}{7}$

东海市童莉食品公司　内部收据

2019 年 12 月 9 日　　编号：20151230

今　收　到
龚格英 交来 出差借款剩余 款
人民币（大写）贰佰肆拾肆元整　￥：244.00
备注：

第二联 记账联

记账：高桂格　　出纳：富友理　　制单：艾志丹

业务 21 4/7

东海市汽车客票

NO.3708321200049208
龚格英
3210021980****1565　东海 —0049-00049207 77次→ 港城

乘车日期	发车时间	检票口	车牌号	座位号
2019-12-04	8:25	1		1
车辆车型/等级/类别		上限票价	客票类型	执行票价
高级		206.00	全	206.00

限乘当日当次车

业务 21 5/7

港城市汽车客票

NO.3708321200049218
龚格英
3210021980****1565　港城 —0049-00049207 77次→ 东海

乘车日期	发车时间	检票口	车牌号	座位号
2019-12-07	21:25	1		1
车辆车型/等级/类别		上限票价	客票类型	执行票价
高级		206.00	全	206.00

限乘当日当次车

业务 21 6/7

航空运输电子客票行程单
ITINERARY/RECEIPT OF E-TICKET FOR AIR TRANSPORT

印刷序号：SERIALNUMBER：1097781868 3

付款凭证 RECEIPT　手写无效 INVALID IN HANDWRITING

旅客姓名 NAME OF PASSENGER：龚格英
有效身份证件号码 ID.NO.：3210021980****1565
签注 ENDORSEMENTS/RESTRICTIONS (CARBON)：不得转签

	承运人 CARRIER	航班号 FLIGHT	座位等级 CLASS	日期 DATE	时间 TIME	客票级别/客票类别 FARE BASIS	客票生效日期 NOTVALID BEFORE	有效截至日期 NOTVALID AFTER	免费行李 ALLOW
自 FROM 港城	春秋	9C8977	X	2019-12-04	20:35	Y			15KG
至 TO 济南									
至 TO VOID									
至 TO VOID									
至 TO VOID									

票价 FARE	机场建设费 AIRPORT TAX	燃油附加费 FUEL SURCHARGE	其他税费 OTHER TAXES	合计 TOEAL
1635.00	50.00			CNY1685.00

电子客票号码 E-TICKETNO.：1097781868　验证码 CK.：　提示信息 INFORATION：星城T1航站楼乘机　保险费 INSURANCE：CNY0

销售单位代号 AGENTCODE.：1051/KSMICY/81868　填开单位 ISSUEDBY：98417　填开日期 DATE OF ISSUE：2019-12-04

发票专用章

验真网址：WWW.TRAVELSKY.COM　服务热线：400-815-888　短信验真：发送JP至10669018

请旅客乘机前认真阅读《旅客须知》及承运人的运输总条件内容
The Important Notice and the general condition of carrage must be read before travlling

业务 21 7/7

航空运输电子客票行程单
ITINERARY/RECEIPT OF E-TICKET FOR AIR TRANSPORT

印刷序号：SERIALNUMBER：1097781868 4

付款凭证 RECEIPT　手写无效 INVALID IN HANDWRITING

旅客姓名 NAME OF PASSENGER：龚格英
有效身份证件号码 ID.NO.：3210021980****1565
签注 ENDORSEMENTS/RESTRICTIONS (CARBON)：不得转签

	承运人 CARRIER	航班号 FLIGHT	座位等级 CLASS	日期 DATE	时间 TIME	客票级别/客票类别 FARE BASIS	客票生效日期 NOTVALID BEFORE	有效截至日期 NOTVALID AFTER	免费行李 ALLOW
自 FROM 港城	春秋	9C8977	X	2019-12-07	12:25	Y			15KG
至 TO 济南									
至 TO VOID									
至 TO VOID									
至 TO VOID									

票价 FARE	机场建设费 AIRPORT TAX	燃油附加费 FUEL SURCHARGE	其他税费 OTHER TAXES	合计 TOEAL
1635.00	50.00			CNY1685.00

电子客票号码 E-TICKETNO.：1097781868　验证码 CK.：　提示信息 INFORATION：星城T1航站楼乘机　保险费 INSURANCE：CNY0

销售单位代号 AGENTCODE.：1051/KSMICY/81868　填开单位 ISSUEDBY：98417　填开日期 DATE OF ISSUE：2019-12-07

发票专用章

验真网址：WWW.TRAVELSKY.COM　服务热线：400-815-888　短信验真：发送JP至10669018

请旅客乘机前认真阅读《旅客须知》及承运人的运输总条件内容
The Important Notice and the general condition of carrage must be read before travlling

业务 22 $\frac{1}{4}$

东海市童莉食品公司　　领料单

编　　号：103

领料用途：饼干生产　　2019 年 12 月 11 日　　发料仓库：第一仓库

材料类别	材料编号	材料名称	计量单位	数量		单价	金额
				请领	实发		
（略）	（略）	小麦粉	千克	26 000	26 000		
（略）	（略）	白砂糖	千克	16 000	16 000		

二 财务联

仓库保管员：刘建涛　　领料人：王明亮　　记账：王格平

业务 22 $\frac{2}{4}$

东海市童莉食品公司　　领料单

领料单位：生产车间　　编　　号：104

领料用途：蛋卷生产　　2019 年 12 月 11 日　　发料仓库：第一仓库

材料类别	材料编号	材料名称	计量单位	数量		单价	金额
				请领	实发		
（略）	（略）	小麦粉	千克	13 000	13 000		
（略）	（略）	白砂糖	千克	6 000	6 000		

二 财务联

仓库保管员：刘建涛　　领料人：张国政　　记账：王格平

业务 22 $\frac{3}{4}$

东海市童莉食品公司　　领料单

领料单位：生产车间　　编　　号：203

领料用途：饼干生产　　2019 年 12 月 11 日　　发料仓库：第二仓库

材料类别	材料编号	材料名称	计量单位	数量		单价	金额
				请领	实发		
（略）	（略）	鸡蛋	千克	10 800	10 800		
（略）	（略）	食用油	千克	2 550	2 550		
（略）	（略）	包装盒	个	10 500	10 500		

二 财务联

仓库保管员：李文英　　领料人：王明亮　　记账：王格平

业务 22 $\frac{4}{4}$

东海市童莉食品公司　　领料单

领料单位：生产车间　　　　　　　　　　　　　　　　编　　号：204

领料用途：蛋卷生产　　　2019 年 12 月 11 日　　　发料仓库：第二仓库

材料类别	材料编号	材料名称	计量单位	数量		单价	金额
				请领	实发		
（略）	（略）	鸡蛋	千克	8 200	8 200		
（略）	（略）	食用油	千克	2 700	2 700		
（略）	（略）	包装盒	个	7 330	7 330		

二 财务联

仓库保管员：李文英　　　领料人：张国政　　　记账：王格平

业务 23

ICBC 中国工商银行　托收凭证（收账通知）　4　№

委托日期 2019 年 12 月 5 日　　　付款期限 2019 年 12 月 11 日

业务类型	委托收款（☑邮划、□电划）　托收承付（□邮划、□电划）					
付款人 全称	南宁市高兴食品店		收款人 全称	东海市童莉食品公司		
付款人 账号	2400860048360		收款人 账号	23004500670089		
付款人 地址	广西省南宁市/县	开户行：工行南宁分行	收款人 地址	省东海市/县	开户行：工行东海支行	
金额 人民币（大写）	陆拾叁万陆仟贰佰贰拾元整		亿 千 百 十 万 千 百 十 元 角 分	¥ 6 3 6 2 2 0 0 0		
款项内容	应收票据款	托收凭据名称	商业承兑汇票 2	附寄单证张数	1	
商品发运情况		合同名称号码				
备注： 复核　记账	上列款项已划回收入你方账户内。 收款人开户银行签章 2019 年 12 月 11 日		托收应收票据到期款。			

（印章：中国工商银行东海市支行 2019年12月11日 转讫）

此联付款人开户行凭以汇款或收款人开户银行作收账通知

业务 24 $\frac{1}{4}$

东海市童莉食品公司　　报账（付款）审批单

部门：供销科　　　　2019 年 12 月 13 日

经手人	艾笑寿	事由	支付购光明面粉厂小麦粉款
项目名称	金额（元）	付款（结算）方式	备注
材料采购	408 205.00	委托托收（付款通知）	对方负担运费，材料已验收入库。
合计	¥408 205.00		
单位负责人审批	财务主管	部门领导	出纳员
同意。 药童莉	同意。 李一凡	同意。 莫发愁	富友理

附单据 2 张

业务 24 $\frac{2}{4}$

东海市童莉食品公司　收料单

供货单位：永济市光明面粉厂　　　　编号：104

发票号码：10862173　　　2019 年 12 月 13 日　　　仓库：第一仓库

材料类别	材料编号	材料名称	计量单位	数量		实际成本(元)				备注
				应收	实收	发票价格	采购费用	合计	单价	
(略)	(略)	小麦粉	千克	70 000	70 000	374 500		374 500	5.35	
合计						¥374 500		¥374 500		

仓库保管员：刘建涛　　验收：高桂格　　记账：王格平　　制单：严尧秋

二 财务联

业务 24 $\frac{3}{4}$

山西增值税专用发票

1427194130　　　　№ 10862173

国家税务总局 山西省税务局（印章）

开票日期：2019 年 12 月 11 日

购买方	名称：东海市童莉食品公司 纳税人识别号：91210020124321010A 地址、电话：东海市建设路 58 号 34560789 开户行及账号：工商银行东海市支行 23004500670089
密码区	(略)

货物或应税劳务、服务名称	规格型号	单位	数量	单价	金额	税率	税额
小麦粉		千克	70 000	5.35	374 500.00	9%	33 705.00
合计					¥374 500.00		¥33 705.00

价税合计(大写)　⊗肆拾万捌仟贰佰零伍元整　　(小写) ¥ 408 205.00

销售方	名称：永济市光明面粉厂 纳税人识别号：91142718415800216B 地址、电话：永济市银杏街 86 号 608938 开户行及账号：工商银行银杏街办事处 662244790066
备注	永济市光明面粉厂 91142718415800216B 发票专用章（印章）

收款人：李意晨　　复核：　　开票人：吕明帆　　销售方(盖章)

第三联 发票联 购买方记账凭证

业务 24 $\frac{4}{4}$

ICBC 中国工商银行　托收凭证（付款通知）　5　№

委托日期 2019 年 12 月 11 日　　　付款期限 2019 年 12 月 13 日

业务类型	委托收款(☑邮划、☐电划)　托收承付(☐邮划、☐电划)						
付款人	全称	东海市童莉食品公司		收款人	全称	永济市光明面粉厂	
	账号	23004500670089			账号	662244790066	
	地址	省东海市/县	开户行：工行东海支行		地址	山西省永济市/县	开户行：工行银杏办
金额	人民币(大写) 肆拾万捌仟贰佰零伍元整					亿千百十万千百十元角分：¥ 4 0 8 2 0 5 0 0	
款项内容	货款	托收凭据名称	增值税专用发票			附寄单证张数	1
商品发运情况			合同名称号码				

备注：

复核　　记账

中国工商银行东海市支行 2019年12月13日 转讫（印章）

付款人开户银行签章

2019 年 12 月 13 日

付款人注意：

1. 根据支付结算办法，上列委托收款(托收承付)款项在付款期限内未提出拒付，即视为同意付款，以此代付款通知。
2. 如需提出全部或部分拒付，应在规定期限内，将拒付理由书并附债务证明退交开户银行。

此联付款人开户银行给付款人按期付款通知

业务 25

中国工商银行　现金支票存根

支票号码 19203134

附加信息

出票日期 2019 年 12 月 15 日

收款人：	东海市童莉食品公司
金　额：	￥9 400.00
用　途：	备用

单位主管：药童莉　　会计：高桂格

业务 26

ICBC 中国工商银行　托收凭证（收账通知）　4　№

委托日期 2019 年 12 月 12 日　　付款期限 2019 年 12 月 15 日

业务类型	委托收款（☑邮划、□电划）			托收承付（□邮划、□电划）		
付款人	全　称	沈阳市欢喜食品店	收款人	全　称	东海市童莉食品公司	
	账　号	2900860048360		账　号	23004500670089	
	地　址	辽宁省沈阳市/县　开户行　工行沈阳市分行		地　址	省东海市/县　开户行　工行东海支行	
金额	人民币（大写）	伍拾捌万叁仟肆佰元整			亿 千 百 十 万 千 百 十 元 角 分	￥ 5 8 3 4 0 0 0 0
款项内容	应收票据款	托收凭据名称	商业承兑汇票 2	附寄单证张数	1	
商品发运情况			合同名称号码			
备注：该商业承兑汇票到期日为 2019 年 12 月 15 日。 复核　记账		上列款项已划回收入你方账户内。 收款人开户银行签章 2019 年 12 月 15 日				

（印章：中国工商银行东海市支行 2019年12月15日 转讫）

此联付款人开户行凭以汇款或收款人开户银行作收账通知

业务 27 $\frac{1}{3}$

东海市童莉食品公司　报账（付款）审批单

部门：办公室　　2019 年 12 月 15 日

经手人	焦吉华	事　由	报销购办公家具款
项目名称	金　额（元）	付款（结算）方式	备　注
办公费	8 136.00	库存现金	办公家具，直接交付车间、部门使用。
合　计	￥8 136.00		
单位负责人审批	财务主管	部门领导	出纳员
同意。药童莉	同意。李一凡	同意。赵婉茹	富友理

附单据 2 张

业务 27 $\frac{2}{3}$

东海增值税专用发票

2101194130　　　　No 10464165

发票联　全国统一发票监制章　国家税务总局　东海市税务局

开票日期：2019 年 12 月 14 日

购买方	名　　称：东海市童莉食品公司 纳税人识别号：91210020124321010A 地 址、电 话：东海市建设路 58 号 34560789 开户行及账号：工商银行东海市支行 23004500670089			密码区	（略）		
货物或应税劳务、服务名称	规格型号	单 位	数 量	单 价	金 额	税 率	税 额
办公柜		个	8	500.00	4 000.00	13%	520.00
办公桌		张	8	400.00	3 200.00	13%	416.00
合　计					￥7 200.00		￥936.00
价税合计（大写）	⊗捌仟壹佰叁拾陆元整				（小写）￥8 136.00		
销售方	名　　称：东海市永春家具商店 纳税人识别号：912101382416782158 地 址、电 话：东海市临汾路 312 号 50089488 开户行及账号：建设银行东海市分行 2866360038385			备注	东海市永春家具商店 912101382416782158 发票专用章		

第三联　发票联　购货方记账凭证

收款人：王笑升　　复核：　　开票人：张前明　　销售方（盖章）

业务 27 $\frac{3}{3}$

物料用品及办公用品领用表

2019 年 12 月 15 日

领用部门	办公柜		办公桌		金额合计	签　字
	数　量	金　额	数　量	金　额		
生产车间	6	3 000.00	6	2 400.00	5 400.00	姜安全
供销科	2	1 000.00	2	800.00	1 800.00	艾笑寿
合　计	8	4 000.00	8	3 200.00	7 200.00	
备注：各车间、部门直接领用。						

财务主管：李一凡　　制单：严尧秋　　记账：高桂格

业务 28

ICBC 中国工商银行　现金缴款单

2019 年 12 月 15 日　　　　序号：

客户填写部分	收款人户名		东海市童莉食品公司							
	收款人账号		23004500670089		收款人开户行	工商银行东海市支行				
	缴　款　人		富友理		款项来源	超库存现金限额				
	币种（√）	人民币☑ 外币：	大写：壹仟零柒拾肆元整			亿 千 百 十 万 千 百 十 元 角 分 ￥ 1 0 7 4 0 0				
	券别	100 元	50 元	20 元	10 元	5 元	2 元	1 元	辅币（金额）	封包（金额）
	张数	10	4		7		2			
银行打印										
	上述款项已入账，请核对与银行打印信息一致。									

中国工商银行东海市支行 2019年12月15日 转讫

第二联　收款人入账通知

（银行打印有效）　　　　收款人：王大忠

三、12 月 16—31 日日常会计交易或事项的原始凭证

业务 29

东海市童莉食品公司　产品入库单

仓库：成品库
编号：312

交库单位：生产车间　　2019 年 12 月 16 日

产品编号	规格	产品名称	计量单位	数量		单位成本	总成本	备　注
				送检	实收			
（略）	（略）	饼干	盒	8 000	8 000			完工入库
（略）	（略）	蛋卷	盒	5 500	5 500			

二 财务联

车间主管：高安全　保管员：甄仔细　记账：高桂格　制单：严尧秋

业务 30 $\frac{1}{3}$

东海市童莉食品公司　报账（付款）审批单

部门：供销科　　2019 年 12 月 17 日

经手人	艾笑寿	事　由	冲销预付账款购鸡蛋款
项目名称	金　额（元）	付款（结算）方式	备　注
材料采购	364 060.00	预付账款	实际结算 364 060 元，已预付 367 400 元，余款 3 340 元留待下次结算，材料已验收入库，销货方负担运费。
合　计	¥364 060.00		
单位负责人审批	财务主管	部门领导	出纳员
同意。 药童莉	同意。 李一凡	同意。 莫发愁	

附单据 2 张

业务 30 $\frac{2}{3}$

山东增值税专用发票

3701194130　　发票联　　№ 10862192

开票日期：2019 年 12 月 17 日

购买方	名　　称：东海市童莉食品公司 纳税人识别号：91210020124321010A 地 址、电 话：东海市建设路 58 号 34560789 开户行及账号：工商银行东海市支行 230045006700089	密码区	（略）				
货物或应税劳务、服务名称	规格型号	单　位	数　量	单　价	金　额	税　率	税　额
鸡蛋		千克	20 000	16.70	334 000.00	9%	30 060.00
合　计					¥334 000.00		¥30 060.00
价税合计（大写）	⊗叁拾陆万肆仟零陆拾元整				（小写）¥ 364 060.00		
销售方	名　　称：济南市国立鸡场 纳税人识别号：91370118415821600B 地 址、电 话：济南市华夏路 16 号 3308930 开户行及账号：工商银行华夏路办事处 242217790032	备注	冲销预付账款				

第三联 发票联 购买方记账凭证

收款人：李晨曦　复核：　开票人：张凤帆　销售方（盖章）

（印章：全国统一发票监制章 国家税务总局 山东省税务局；冲销预付账款；济南市国立鸡场 91370118415821600B 发票专用章）

业务 30 $\frac{3}{3}$

东海市童莉食品公司　收料单

供货单位：济南市国立鸡场　　编号：207

发票号码：10862192　　2019年12月17日　　仓库：第二仓库

材料类别	材料编号	材料名称	计量单位	数量		实际成本(元)				备注
				应收	实收	发票价格	采购费用	合计	单价	
（略）	（略）	鸡蛋	千克	20 000	20 000	334 000		334 000	16.70	
合计						¥334 000		¥334 000		

二 财务联

仓库保管员：李文英　验收：高桂格　记账：王格平　制单：严尧秋

业务 31 $\frac{1}{3}$

东海市童莉食品公司　报账(付款)审批单

部门：办公室　　2019年12月17日

经手人	焦吉华	事由	支付职工体检费
项目名称	金额(元)	付款(结算)方式	备注
职工福利	159 000.00	转账支票	
合计	¥159 000.00		
单位负责人审批	财务主管	部门领导	出纳员
同意。药童莉	同意。李一凡	同意。赵婉茹	富友理

附单据2张

业务 31 $\frac{2}{3}$

东海增值税普通发票

021001900205　　№ 10464165

（全国统一发票监制章 国家税务总局 东海市税务局）

开票日期：2019年12月17日

购买方	名称：东海市童莉食品公司 纳税人识别号：91210020124321010A 地址、电话：东海市建设路58号 34560789 开户行及账号：工商银行东海市支行 23004500670089	密码区	（略）				
货物或应税劳务、服务名称	规格型号	单位	数量	单价	金额	税率	税额
职工体检费		人/次	100	1 500.00	150 000.00	6%	9 000.00
合计					¥150 000.00		¥9 000.00
价税合计(大写)	⊗壹拾伍万玖仟元整				（小写）¥159 000.00		
销售方	名称：东海市人民医院 纳税人识别号：91210020124806ABC7 地址、电话：东海市临汾路312号 50089400 开户行及账号：建行东海市分行 360078926538104	备注					

第三联 发票联 购货方记账凭证

（东海市人民医院 91210020124806ABC7 发票专用章）

收款人：王定国　复核：　开票人：张明阳　销售方（盖章）

业务 31 $\frac{3}{3}$

中国工商银行　转账支票存根

支票号码 19203135

附加信息

出票日期 2019 年 12 月 17 日

收款人：	东海市人民医院
金　额：	¥159 000.00
用　途：	支付职工体检费

单位主管：药童莉　　会计：高桂格

（印章：东海市童莉……财务……）

业务 32

ICBC 中国工商银行　电子缴税付款凭证

转账日期：2019 年 12 月 17 日　　凭证字号：02567256

纳税人全称及纳税人识别号：东海市童莉食品公司　91210020124321010A

付款人全称：东海市童莉食品公司

付款人账号：23004500670089　　征收机关名称：东海市国家税务局第三分局

付款人开户银行：工商银行东海市支行　　收款国库(银行)名称：国家金库东海市支库

小写(合计)金额：¥140 688.00　　缴款书交易流水号：31136512

大写(合计)金额：人民币壹拾肆万零陆佰捌拾捌元整　　税票号码：127159191070216812

税费种名称	所属时期	实缴金额
增值税	2019－12－01—2019－12－15	103 938.00
房产税	2019－10－01—2019－12－31	36 750.00
合　计		¥140 688.00
第一次打印	打印时间：2019－12－17	

（印章：中国工商银行东海市支行 2019年12月17日 转讫）

第二联　作付款回单　　复核：李永胜　　记账：李景明

业务 33

ICBC 中国工商银行　电汇凭证（收账通知）　4

☑普通　☐加急　　委托日期 2019 年 12 月 19 日

汇款人			收款人		
	全称	上海市诚信食品公司		全称	东海市童莉食品公司
	账号	5608480058754		账号	23004500670089
汇出行名称		建设银行临港分行	汇入行名称		工商银行东海市支行

金额	人民币（大写）	亿	千	百	十	万	千	百	十	元	角	分
	伍仟元整						¥	5	0	0	0	0	0

此汇款已收入收款人账户。

汇入行签章

（印章：中国工商银行东海市支行 2019年12月19日 转讫）

支付密码

附加信息及用途：

偿还 2015 年 12 月所欠童莉食品公司的货款。

经查该款项已于 2018 年 9 月作坏账损失处理。

复核：管望来　　记账：

2019 年 12 月 19 日

此联给收款人的收账通知

业务 34 $\frac{1}{4}$

东海市童莉食品公司　报账（付款）审批单

部门：供销科　　2019 年 12 月 19 日

经手人	艾笑寿	事　由	冲销预收莲花超市货款销售
项目名称	金　额(元)	付款(结算)方式	备　注
产品销售	2 785 450.00	预收货款	前已预收 2 700 000 元，余款 85 450 元收到。货物由对方自提。
合　计	¥2 785 450.00		
单位负责人审批	财务主管	部门领导	出纳员
同意。药童莉	同意。李一凡	同意。莫发愁	富友理

附单据 2 张

业务 34 $\frac{2}{4}$

东海增值税专用发票

№ 30862171

2100194130　此联不作报销扣税凭证使用　开票日期：2019 年 12 月 19 日

（印章：全国统一发票监制章 国家税务总局 东海市税务局）

购买方	名　　称：太原市莲花超市 纳税人识别号：91140102384953869H 地 址、电 话：太原市迎泽大街 63 号 38670309 开户行及账号：工商银行太原市分行 2400140048360			密码区	（略）		
货物或应税劳务、服务名称	规格型号	单　位	数　量	单　价	金　额	税　率	税　额
饼干		盒	9 900	150.00	1 485 000.00	13%	193 050.00
蛋卷		盒	7 000	140.00	980 000.00	13%	127 400.00
合　计					¥2 465 000.00		¥320 450.00
价税合计(大写)	⊗贰佰柒拾捌万伍仟肆佰伍拾元整				（小写）¥2 785 450.00		
销售方	名　　称：东海市童莉食品公司 纳税人识别号：91210020124321010A 地 址、电 话：东海市建设路 58 号 34560789 开户行及账号：工商银行东海市支行 23004500670089			备注			

冲销预收货款

收款人：王进宏　　复核：　　开票人：刘宏远　　销售方(盖章)

第一联 记账联 销售方记账凭证

业务 34 $\frac{3}{4}$

东海市童莉食品公司　产品出库单

仓库：成品库

购货单位：太原市莲花超市　　2019 年 12 月 19 日　　编号：326

产品编号	规格	产品名称	计量单位	数量 应发	数量 实发	单位成本	金额	备　注
（略）	（略）	饼干	盒	9 900	9 900			
（略）	（略）	蛋卷	盒	7 000	7 000			

二 财务联

供销主管：莫发愁　　保管员：甄仔细　　记账：高桂格　　制单：严尧秋

业务 34 $\frac{4}{4}$

ICBC 中国工商银行 电汇凭证（收账通知） 4

☑ 普通 ☐ 加急　　　委托日期 2019 年 12 月 16 日

汇款人	全称	太原市莲花超市	收款人	全称	东海市童莉食品公司
	账号	2400140048360		账号	23004500670089
	汇出行名称	工商银行太原市分行		汇入行名称	工商银行东海市支行
金额	人民币（大写）	捌万伍仟肆佰伍拾元整		亿 千 百 十 万 千 百 十 元 角 分	¥ 8 5 4 5 0 0 0
此汇款已收入收款人账户。 汇入行签章			支付密码		
			附加信息及用途：支付预付款购进不足款项。		
			复核：	记账：	2019 年 12 月 19 日

中国工商银行东海市支行 2019年12月19日 转讫

此联给收款人的收账通知

业务 35

坏账损失确认单

2016 年 3 月入账的应收华峰商场的货款贰万元整（¥20 000），经当地市场监督管理局确认，该公司已于 1 年前破产倒闭。因此，该款项已无法收回，经公司董事会讨论决定，将该款项作为坏账损失处理。

财务经理：李一凡

2019 年 12 月 19 日

会计主管：李一凡　　制单：刘景明　　复核：高桂格

业务 36 $\frac{1}{3}$

东海市童莉食品公司　报账（付款）审批单

部门：办公室　　2019 年 12 月 19 日

经手人	焦吉华	事由	支付抗震救灾捐款
项目名称	金额（元）	付款（结算）方式	备注
对外捐赠	124 000.00	转账支票	
合计	¥124 000.00		
单位负责人审批	财务主管	部门领导	出纳员
同意。药童莉	同意。李一凡	同意。赵婉茹	富友理

附单据 2 张

业务 36 $\frac{2}{3}$

公益性单位接受捐赠统一收据

UNIFIED INVOICE OF DONATION FOR PUBLIC WELFARE ORGANIZTION

国财 00202　　2019 年 Y 12 月 M 19 日 D　　№ 0802999833

捐赠者 Donor	东海市童莉食品公司
捐赠项目 For Purpose	抗震救灾捐款
捐赠金额（实物价值）Total Amount 大写 in Words	壹拾贰万肆仟元整
小写 in Figures	￥124000.00
货币（实物）种类 Currcy（Material objects）	人民币
备注 Notes	由东海市红十字会代转中国红十字会总会

第二联 捐赠者 Second Donor

接收单位（签章）Receiver's Seal　审核 Verified by 李彩萍　经手人 Handling Person 王爱无　支票号 Cheque № XI 7700048

感谢您的慷慨捐赠！Thank you for your generous donation!

0802999833

沿此虚线撕剪

印章：中国红十字会总会 结算专用章；东海市红十字会 财务专用章

业务 36 $\frac{3}{3}$

中国工商银行　转账支票存根

支票号码 19203136

附加信息

出票日期 2019 年 12 月 19 日

收款人：	东海市红十字会
金　额：	￥124 000.00
用　途：	抗震救灾捐款

单位主管：药童莉　　会计：高桂格

业务 37

ICBC 中国工商银行

交易时间：20191219　09:26:43

客户名称：东海市童莉食品公司

缴费账号：23004500670089　　序号：

缴费方式：转账　　币种：人民币

实缴金额：100.00

缴费明细

序号	实缴金额	收费种类名称
1	50.00	转账支票工本费
2	50.00	现金支票工本费

交易网点：0725　　交易柜员：d638

中国工商银行东海市支行 2019.12.19 业务办讫章(03) 邵复月

客户交费回单

业务 38 $\frac{1}{4}$

东海市童莉食品公司　　报账（付款）审批单

部门：供销科　　　　2019 年 12 月 21 日

经手人	艾笑寿	事　由	支付购包装盒款
项目名称	金　额（元）	付款（结算）方式	备　注
材料采购	248 600. 00	委托收款（付款通知）	运费由销货方负担。材料已验收入库。
合　计	￥248 600. 00		
单位负责人审批	财务主管	部门领导	出纳员
同意。 药童莉	同意。 李一凡	同意。 莫发愁	富友理

附单据 2 张

业务 38 $\frac{2}{4}$

江苏增值税专用发票

3200194130　　发票联　　№ 10462189

开票日期：2019 年 12 月 21 日

购买方	名　　称：东海市童莉食品公司 纳税人识别号：91210020124321010A 地 址、电 话：东海市建设路 58 号 34560789 开户行及账号：工商银行东海市支行 23004500670089			密码区	（略）		
货物或应税劳务、服务名称	规格型号	单　位	数　量	单　价	金　额	税　率	税　额
包装盒		个	22 000	10. 00	220 000. 00	13%	28 600. 00
合　计					￥220 000. 00		￥28 600. 00
价税合计（大写）	⊗贰拾肆万捌仟陆佰元整				（小写）￥248 600. 00		
销售方	名　　称：南京市华荣金属公司 纳税人识别号：91320102609859405D 地 址、电 话：南京市中山路 16 号 30089384 开户行及账号：工商银行南京市支行 2400670246308			备注	南京市华荣金属公司 91320102609859405D 发票专用章		

收款人：钱宏选　　复核：　　开票人：郭丰民　　销售方（盖章）

第三联 发票联 购买方记账凭证

业务 38 $\frac{3}{4}$

ICBC 中国工商银行　托收凭证（付款通知）　5　No

委托日期 2019 年 12 月 17 日　　付款期限 2019 年 12 月 21 日

业务类型	委托收款（☑邮划、□电划）		托收承付（□邮划、□电划）				
付款人 全称	东海市童莉食品公司		收款人 全称	南京市华荣金属公司			
账号	23004500670089		账号	2400670246308			
地址	省东海市/县	开户行 工行东海支行	地址	江苏省南京市/县	开户行	工行南京市支行	
金额 人民币（大写）	贰拾肆万捌仟陆佰元整		亿 千 百 十 万 千 百 十 元 角 分	￥ 2 4 8 6 0 0 0 0			
款项内容	货款	托收凭据名称	增值税专用发票	附寄单证张数	2		
商品发运情况			合同名称号码				
备注： 复核　记账	付款人开户银行签章 2019 年 12 月 21 日		付款人注意： 1. 根据支付结算办法，上列委托收款（托收承付）款项在付款期限内未提出拒付，即视为同意付款，以此代付款通知。 2. 如需提出全部或部分拒付，应在规定期限内，将拒付理由书并附债务证明退交开户银行。				

中国工商银行东海市支行 2019年12月21日 转讫

此联付款人开户银行给付款人按期付款通知

业务 38 $\frac{4}{4}$

东海市童莉食品公司　　收料单

供货单位：南京市华荣金属公司　　　　编号：208

发票号码：10462189　　2019 年 12 月 21 日　　仓库：第二仓库

材料类别	材料编号	材料名称	计量单位	数量		实际成本(元)				备注
				应收	实收	发票价格	采购费用	合计	单价	
(略)	(略)	包装盒	个	22 000	22 000	220 000		220 000	10.00	
合计						¥220 000		¥220 000		

二 财务联

仓库保管员：李文英　　验收：高桂格　　记账：王格平　　制单：严尧秋

业务 39 $\frac{1}{2}$

东海增值税专用发票

2102194130　　№ 15459861

（印章：全国统一发票监制章 国家税务总局 东海市税务局）

开票日期：2019 年 12 月 21 日

购买方	名称：东海市童莉食品公司 纳税人识别号：91210020124321010A 地址、电话：东海市建设路 58 号 34560789 开户行及账号：工商银行东海市支行 23004500670089	密码区	(略)			
货物或应税劳务、服务名称	规格型号	单位	数量	单价	金额	税率	税额
水费		立方米	1 600	5.00	8 000.00	9%	720.00
合计					¥8 000.00		¥720.00
价税合计(大写)	⊗捌仟柒佰贰拾元整				(小写) ¥8 720.00		
销售方	名称：东海市供水公司 纳税人识别号：91210606352223201H 地址、电话：东海市临港路 185 号 98024626 开户行及账号：工商银行临港办事处 384567790026	备注	已签发托收无承付协议。			

第三联 发票联 购买方记账凭证

（印章：东海市供水公司 91210606352223201H 发票专用章）

收款人：吴梅花　　复核：　　开票人：商永康　　销售方：(章)

业务 39 $\frac{2}{2}$

ICBC 中国工商银行　特约托收凭证（付款通知）　5　№

委托日期 2019 年 12 月 21 日　　付款期限 2019 年 12 月 21 日

业务类型	委托收款(□邮划、☑电划)			托收承付(□邮划、□电划)			
付款人 全称	东海市童莉食品公司			收款人 全称	东海市供水公司		
账号	23004500670089			账号	384567790026		
地址	省东海市/县	开户行	工行东海支行	地址	省东海市/县	开户行	工行临港办
金额 人民币(大写)	捌仟柒佰贰拾元整			亿 千 百 十 万 千 百 十 元 角 分	¥ 8 7 2 0 0 0		
款项内容	水费	托收凭据名称	增值税专用发票	附寄单证张数	1		
商品发运情况		合同名称号码					
备注： 复核　记账	付款人开户银行签章 2019 年 12 月 21 日	付款人注意： 1. 根据支付结算办法，上列委托收款(托收承付)款项在付款期限内未提出拒付，即视为同意付款，以此代付款通知。 2. 如需提出全部或部分拒付，应在规定期限内，将拒付理由书并附债务证明退交开户银行。					

此联付款人开户银行给付款人按期付款通知

（印章：中国工商银行东海市支行 2019年12月21日 转讫）

业务 40

东海市童莉食品公司　产品入库单

交库单位：生产车间　　2019 年 12 月 21 日　　仓库：成品库　编号：313

产品编号	规格	产品名称	计量单位	数量 送检	数量 实收	单位成本	总成本	备注
（略）	（略）	饼干	盒	8 000	8 000			完工入库
（略）	（略）	蛋卷	盒	5 500	5 500			

二 财务联

车间主管：高安全　保管员：甄仔细　记账：高桂格　制单：严尧秋

业务 41 $\frac{1}{2}$

东海增值税专用发票

2102194130　　№ 15459063

开票日期：2019 年 12 月 21 日

（国家税务总局 东海市税务局 全国统一发票监制章）

购买方	名称：东海市童莉食品公司 纳税人识别号：91210020124321010A 地址、电话：东海市建设路 58 号 34560789 开户行及账号：工商银行东海市支行 23004500670089	密码区	（略）

货物或应税劳务、服务名称	规格型号	单位	数量	单价	金额	税率	税额
电费		度	105 125	0.80	84 100	13%	10 933
合计					¥84 100		¥10 933
价税合计（大写）	⊗玖万伍仟零叁拾叁元整					（小写）	¥ 95 033.00

销售方	名称：东海市供电公司 纳税人识别号：91210506352224829B 地址、电话：东海市虹桥路 285 号 66024626 开户行及账号：工商银行虹桥办事处 23003048790125	备注	已签发托收无承付协议。

（东海市供电公司 91210506352224829B 发票专用章）

收款人：吴伟宏　复核：　开票人：张定国　销售方：（章）

第三联 发票联 购买方记账凭证

业务 41 $\frac{2}{2}$

ICBC 中国工商银行　特约托收凭证（付款通知）　5　№

委托日期 2019 年 12 月 21 日　　付款期限 2019 年 12 月 21 日

业务类型	委托收款（□邮划、☑电划）			托收承付（□邮划、□电划）			
付款人 全称	东海市童莉食品公司			收款人 全称	东海市供电公司		
付款人 账号	23004500670089			收款人 账号	23003048790125		
付款人 地址	省东海市/县	开户行	工行东海支行	收款人 地址	省东海市/县	开户行	工行虹桥办
金额 人民币（大写）	玖万伍仟零叁拾叁元整			亿千百十万千百十元角分	¥ 9 5 0 3 3 0 0		
款项内容	电费	托收凭据名称	增值税专用发票	附寄单证张数	1		
商品发运情况				合同名称号码			
备注： 复核　记账	付款人开户银行签章 2019 年 12 月 21 日			付款人注意： 1. 根据支付结算办法，上列委托收款（托收承付）款项在付款期限内未提出拒付，即视为同意付款，以此代付款通知。 2. 如需提出全部或部分拒付，应在规定期限内，将拒付理由书并附债务证明退交开户银行。			

（中国工商银行东海市支行 2019年12月21日 转讫）

此联付款人开户银行给付款人按期付款通知

业务 42 $\frac{1}{4}$

东海市童莉食品公司　领料单

领料单位：生产车间　　　　编　号：105

领料用途：饼干生产　　2019年 12月 21日　　发料仓库：第一仓库

材料类别	材料编号	材料名称	计量单位	数量		单价	金额
				请领	实发		
（略）	（略）	小麦粉	千克	27 000	27 000		
（略）	（略）	白砂糖	千克	16 000	16 000		

二 财务联

仓库保管员：刘建涛　　领料人：王明亮　　记账：王格平

业务 42 $\frac{2}{4}$

东海市童莉食品公司　领料单

领料单位：生产车间　　　　编　号：106

领料用途：蛋卷生产　　2019年 12月 21日　　发料仓库：第一仓库

材料类别	材料编号	材料名称	计量单位	数量		单价	金额
				请领	实发		
（略）	（略）	小麦粉	千克	12 500	12 500		
（略）	（略）	白砂糖	千克	4 100	4 100		

二 财务联

仓库保管员：刘建涛　　领料人：张国政　　记账：王格平

业务 42 $\frac{3}{4}$

东海市童莉食品公司　领料单

领料单位：生产车间　　　　编　号：205

领料用途：饼干生产　　2019年 12月 21日　　发料仓库：第二仓库

材料类别	材料编号	材料名称	计量单位	数量		单价	金额
				请领	实发		
（略）	（略）	鸡蛋	千克	11 200	11 200		
（略）	（略）	食用油	千克	2 750	2 750		
（略）	（略）	包装盒	个	10 500	10 500		

二 财务联

仓库保管员：李文英　　领料人：王明亮　　记账：王格平

业务 42 $\frac{4}{4}$

东海市童莉食品公司　领料单

领料单位：生产车间　　　　　　　　　　　　　　　　编　　号：206

领料用途：蛋卷生产　　　2019 年 12 月 21 日　　　发料仓库：第二仓库

材料类别	材料编号	材料名称	计量单位	数量		单价	金额
				请领	实发		
（略）	（略）	鸡蛋	千克	7 000	7 000		
（略）	（略）	食用油	千克	2 400	2 400		
（略）	（略）	包装盒	个	7 320	7 320		

二 财务联

仓库保管员：李文英　　　领料人：张国政　　　记账：王格平

业务 43 $\frac{1}{2}$

中国工商银行东海支行计收利息（付款通知）

2019 年 12 月 21 日　　　借据号 9821201228011501

客户号 3001356088		结算账号 23004500670089			
单位名称：东海市童莉食品公司					
计算起讫日期 2019 年 9 月 21 日至 2019 年 12 月 20 日					
正常本金/积数	232 500 000.00	利率：0.40%/月		利息	31 000.00
逾期本金/积数		利率		利息	
欠息/积数		利率		利息	
币种	人民币	利息总金额			¥31 000.00

客户联

（印章：中国工商银行东海市支行 2019年12月21日 转讫）

银行盖章：

业务 43 $\frac{2}{2}$

中国工商银行东海支行计付利息（收账通知）

2019 年 12 月 21 日

客户号 3001356088		结算账号 23004500670089			
单位名称：东海市童莉食品公司					
计算起讫日期 2019 年 9 月 21 日至 2019 年 12 月 20 日					
正常本金/积数	330 000 000.00	利率：0.3%/年		利息	2 750.00
逾期本金/积数		利率		利息	
欠息/积数		利率		利息	
币种	人民币	利息总金额			¥2 750.00

客户联

（印章：中国工商银行东海市支行 2019年12月21日 转讫）

银行盖章：

业务 44 $\frac{1}{3}$

东海增值税专用发票

№ 30862172

2100194130　　此联不作报销扣税凭证使用　　开票日期：2019 年 12 月 23 日

购买方	名　　称：南宁市高兴食品店 纳税人识别号：9145010067243 1KMH24 地 址、电 话：南宁市园湖南路 42 号 48670327 开户行及账号：工商银行南宁市分行 2400860048360			密码区	（略）		
货物或应税劳务、服务名称	规格型号	单位	数量	单价	金额	税率	税额
饼干		盒	5 500	150.00	825 000.00	13%	107 250.00
蛋卷		盒	3 200	140.00	448 000.00	13%	58 240.00
合　计					￥1 273 000.00		￥165 490.00
价税合计（大写）	⊗壹佰肆拾叁万捌仟肆佰玖拾元整				（小写）￥1 438 490.00		
销售方	名　　称：东海市童莉食品公司 纳税人识别号：91210020124321010A 地 址、电 话：东海市建设路 58 号 34560789 开户行及账号：工商银行东海市支行 23004500670089			备注	收到对方签发并承兑商业汇票。		

收款人：王进宏　　复核：　　开票人：刘宏远　　销售方（盖章）

第一联 记账联 销售方记账凭证

业务 44 $\frac{2}{3}$

商业承兑汇票

2　　10204560　00800392

出票日期（大写）贰零壹玖年壹拾贰月贰拾叁日

付款人	全　称	南宁市高兴食品店	收款人	全　称	东海市童莉食品公司
	账　号	2400860048360		账　号	23004500670089
	开户银行	工行南宁市分行		开户银行	工商银行东海市支行
出票金额	人民币（大写）	壹佰肆拾叁万捌仟肆佰玖拾元整		亿 千 百 十 万 千 百 十 元 角 分	￥ 1 4 3 8 4 9 0 0 0
汇票到期日（大写）	贰零贰零年零伍月贰拾叁日		付款人开户行	行号	
交易合同号码				地址	南宁市园湖南路 144 号
本汇票已经承兑，到期无条件付款。 承兑人签章 承兑日期 2019 年 12 月 23 日			本汇票请予以承兑，并于到期日付款。 出票人签章		

此联持票人开户行随托收凭证寄付款人开户行作借方凭证附件

业务 44 $\frac{3}{3}$

东海市童莉食品公司　产品出库单

仓库：成品库

购货单位：南宁市高兴食品店　　2019 年 12 月 23 日　　编号：327

产品编号	规格	产品名称	计量单位	数量 应发	数量 实发	单位成本	金额	备注
（略）	（略）	饼干	盒	5 500	5 500			
（略）	（略）	蛋卷	盒	3 200	3 200			

二 财务联

供销主管：莫发愁　　保管员：甄仔细　　记账：高桂格　　制单：严尧秋

业务 45 $\frac{1}{3}$

东海市童莉食品公司 报账(付款)审批单

部门：办公室　　　　2019 年 12 月 25 日

经手人	焦吉华	事　由	支付广告费
项目名称	金　额(元)	付款(结算)方式	备　注
广告费	17 278.00	转账支票	
合　计	¥17 278.00		
单位负责人审批	财务主管	部门领导	出纳员
同意。药童莉	同意。李一凡	同意。赵婉茹	富友理

附单据 2 张

业务 45 $\frac{2}{3}$

东海增值税专用发票

2100194130　　　　№ 10422188

开票日期：2019 年 12 月 23 日

购买方	名　　称：东海市童莉食品公司 纳税人识别号：91210020124321010A 地址、电话：东海市建设路 58 号 34560789 开户行及账号：工商银行东海市支行 23004500670089			密码区	(略)		
货物或应税劳务、服务名称	规格型号	单位	数量	单价	金额	税率	税额
广告费		平方米	20	815.00	16 300.00	6%	978.00
合　计					¥16 300.00		¥978.00
价税合计(大写)	⊗壹万柒仟贰佰柒拾捌元整						¥ 17 278.00
销售方	名　　称：东海市阳明广告公司 纳税人识别号：912101369473615389 地址、电话：东海市茉莉路 132 号 60089486 开户行及账号：建行茉莉路办事处 2866450038300			备注			

收款人：王华贵　　复核：　　开票人：张明元　　销售方(盖章)

第三联 发票联 购买方记账凭证

(印章：全国统一发票监制章 国家税务总局 东海市税务局)

(印章：东海市阳明广告公司 912101369473615389 发票专用章)

业务 45 $\frac{3}{3}$

中国工商银行 转账支票存根

支票号码 19203137

附加信息

出票日期 2019 年 12 月 25 日

收款人：	东海市阳明广告公司
金　额：	¥17 278.00
用　途：	支付广告费

单位主管：药童莉　　会计：高桂格

(印章：东海市童莉……财务……)

业务 46 $\frac{1}{6}$

东海市童莉食品公司 报账（付款）审批单

部门：供销科　　　　2019 年 12 月 25 日

经手人	艾笑寿	事　由	销售产品并负担运费
项目名称	金　额(元)	付款(结算)方式	备　注
产品销售	1 072 370.00	委托收款(回单)	合同规定，运费由销货方负担；同时，委托本市华强物流公司运输。
销售运费	8 720.00	转账支票	
合　计	¥1 081 090.00		
单位负责人审批	财务主管	部门领导	出纳员
同意。药童莉	同意。李一凡	同意。莫发愁	富友理

附单据 2 张

业务 46 $\frac{2}{6}$

东海增值税专用发票

№ 30862173

2100193140

此联不作报销扣税凭证使用　　　　开票日期：2019 年 12 月 25 日

（印章：全国统一发票监制章 国家税务总局 东海市税务局）

购买方	名　　称：兰州市红星商场 纳税人识别号：916201037608640426 地 址、电 话：兰州市小西湖东街 96 号 39670327 开户行及账号：工商银行兰州市分行 2400620048378			密码区	（略）		
货物或应税劳务、服务名称	规格型号	单　位	数　量	单　价	金　额	税　率	税　额
饼干		盒	3 900	150.00	585 000.00	13%	76 050.00
蛋卷		盒	2 600	140.00	364 000.00	13%	47 320.00
合　计					¥949 000.00		¥123 370.00
价税合计(大写)	⊗壹佰零柒万贰仟叁佰柒拾元整				（小写） ¥1 072 370.00		
销售方	名　　称：东海市童莉食品公司 纳税人识别号：91210020124321010A 地 址、电 话：东海市建设路 58 号 34560789 开户行及账号：工商银行东海市支行 23004500670089			备注			

（印章：委托收款）

收款人：王进宏　　复核：　　开票人：刘宏远　　销售方(盖章)

第一联 记账联 销售方记账凭证

业务 46 $\frac{3}{6}$

东海市童莉食品公司 产品出库单

仓库：成品库

购货单位：兰州市红星商场　　2019 年 12 月 25 日　　编号：328

产品编号	规格	产品名称	计量单位	数量 应发	数量 实发	单位成本	金额	备　注
（略）	（略）	饼干	盒	3 900	3 900			已办妥托收手续
（略）	（略）	蛋卷	盒	2 600	2 600			

二 财务联

供销主管：莫发愁　　保管员：甄仔细　　记账：高桂格　　制单：严尧秋

业务 46 $\frac{4}{6}$

ICBC 中国工商银行 托收凭证（受理回单） 1 No

委托日期 2019 年 12 月 25 日

业务类型	委托收款（☑邮划、□电划）			托收承付（□邮划、□电划）			
付款人 全称	兰州市红星商场			收款人 全称	东海市童莉食品公司		
付款人 账号	2400620048378			收款人 账号	23004500670089		
付款人 地址	甘肃省兰州市/县	开户行	工行兰州分行	收款人 地址	省东海市/县	开户行	工行东海支行
金额 人民币（大写）	壹佰零柒万贰仟叁佰柒拾元整			亿 千 百 十 万 千 百 十 元 角 分	¥ 1 0 7 2 3 7 0 0 0		
款项内容	货款	托收凭据名称	增值税专用发票	附寄单证张数	2		
商品发运情况	已发送			合同名称号码			
备注：委托华强物流公司送货。 复核 记账	款项收妥日期 年 月 日			收款人开户银行签章 2019 年 12 月 25 日			

此联作收款人开户银行给收款人的受理回单

中国工商银行东海市支行 2019年12月25日 转讫

业务 46 $\frac{5}{6}$

东海增值税专用发票

No 15454238

2102194130

发票联

开票日期：2019 年 12 月 25 日

购买方	名称：东海市童莉食品公司 纳税人识别号：91210020124321010A 地址、电话：东海市建设路 58 号 34560789 开户行及账号：工商银行东海市支行 23004500670089	密码区	（略）				
货物或应税劳务、服务名称	规格型号	单位	数量	单价	金额	税率	税额
运费		公里	10 000	0.80	8 000.00	9%	720.00
合计					¥8 000.00		¥720.00
价税合计（大写）	⊗捌仟柒佰贰拾元整				（小写）¥ 8 720.00		
销售方	名称：东海市华强物流公司 纳税人识别号：91210124564763831B 地址、电话：东海市茉莉路 214 弄 31560625 开户行及账号：工商银行茉莉路办事处 4500105844	备注	起运地：东海市；到达地：兰州市；车种车号：东A26047；载重：40 吨。承运货物：食品；重量：39 吨。				

收款人：尚大名 复核： 开票人：赵强林 销售方（盖章）

第三联 发票联 购买方记账凭证

全国统一发票监制章 国家税务总局 东海市税务局

东海市华强物流公司 91210124564763831B 发票专用章

业务 46 $\frac{6}{6}$

中国工商银行 转账支票存根

支票号码 19203138

附加信息

出票日期 2019 年 12 月 25 日

收款人：	东海市华强物流公司
金额：	¥8 720.00
用途：	支付送货运费

单位主管：药童莉 会计：高桂格

东海市童莉……财务……

业务 47 $\frac{1}{4}$

东海市童莉食品公司　报账(付款)审批单

部门：办公室　　2019 年 12 月 25 日

经手人	甄紫曦	事　由	支付锅炉工程安装费
项目名称	金　额(元)	付款(结算)方式	备　注
锅炉工程	64 746.00	转账支票	锅炉工程完工并交付使用，结算工程余款。
合　计	¥64 746.00		
单位负责人审批	财务主管	部门领导	出纳员
同意。 药童莉	同意。 李一凡	同意。 赵婉茹	富友理

附单据 2 张

业务 47 $\frac{2}{4}$

东海增值税专用发票

2100194130　　№ 10864086

发票联

开票日期：2019 年 12 月 25 日

购买方	名　称：东海市童莉食品公司 纳税人识别号：91210020124321010A 地 址、电 话：东海市建设路 58 号 34560789 开户行及账号：工商银行东海市支行 23004500670089			密码区	（略）		
货物或应税劳务、服务名称	规格型号	单　位	数　量	单　价	金　额	税　率	税　额
锅炉安装费	HW36	台	2	29 700.00	59 400.00	9%	5 346.00
合　计					¥59 400.00		¥5 346.00
价税合计(大写)	⊗陆万肆仟柒佰肆拾陆元整						¥ 64 746.00
销售方	名　称：东海市方正建筑公司 纳税人识别号：91210112784668216K 地 址、电 话：东海市建设路 32 号 34089486 开户行及账号：工商银行东海市支行 2300360038579			备注	东海市方正建筑公司 91210112784668216K 发票专用章		

收款人：李鼎旺　　复核：　　开票人：郭世达　　销售方(盖章)

第三联 发票联 购买方记账凭证

业务 47 $\frac{3}{4}$

中国工商银行　转账支票存根

支票号码 19203139

附加信息

出票日期 2019 年 12 月 25 日

收款人：东海市方正建筑公司
金　额：¥64 746.00
用　途：交付安装费

单位主管：药童莉　　会计：高桂格

业务 47 $\frac{4}{4}$

固定资产交接(验收)单

2019 年 12 月 25 日

编号	名称	规格	型号	计量单位	数量	建造单位		备注
0512	烤炉		HW36 型	台	2	东海市迎宾食品机械厂		
总价	买价	运杂费	包装费	安装费	其他	原值	预计年限	净残值率
	120 000			59 400		179 400	10 年	5%
用途	生产用		使用部门		生产车间		已提折旧	
验收意见		合格,交付使用			验收人签章		陆新华	

财务主管：李一凡　　制单：严尧秋　　复核：高桂格

业务 48 $\frac{1}{3}$

东海市童莉食品公司　报账(付款)审批单

部门：办公室　　2019 年 12 月 27 日

经手人	甄紫曦	事　由	支付消防不达标罚款
项目名称	金　额(元)	付款(结算)方式	备　注
罚没支出	40 290.00	转账支票	
合　计	¥40 290.00		
单位负责人审批	财务主管	部门领导	出纳员
同意。药童莉	同意。李一凡		富友理

附单据 2 张

业务 48 $\frac{2}{3}$

东海市行政事业单位罚款收据

全国统一票据监制章 国家税务总局 东海市税务局

单位或个人名称：东海市童莉食品公司　　2019 年 12 月 27 日

收据代码 910000023
收据号码 35502896

项　目	单　位	数　量	收费标准	金额 十	万	千	百	十	元	角	分	备　注
消防不达标罚款					4	0	2	9	0	0	0	
合计(大写)	陆万贰仟叁佰陆拾元整			¥	4	0	2	9	0	0	0	

②收据联

东海市消防二支队 收费专用章

收款单位：(章)　　开票人：刘一明　　收款人：王大可

业务 48 $\frac{3}{3}$

中国工商银行　转账支票存根

支票号码 19203140

附加信息

出票日期 2019 年 12 月 27 日

收款人：东海市消防二支队
金　额：￥40 290.00
用　途：支付罚款

单位主管：药童莉　　会计：高桂格

（印章：东海市童莉……财务……）

业务 49

中国工商银行　现金支票存根

支票号码 19102101

附加信息

出票日期 2019 年 12 月 27 日

收款人：东海市童莉食品公司
金　额：￥6 200.00
用　途：备用

单位主管：药童莉　　会计：高桂格

（印章：东海市童莉……财务……）

业务 50

借　款　单

2019 年 12 月 27 日

借款单位：供销科		
借款理由：参加会议。		
借款金额：人民币（大写）陆仟贰佰元整		￥：6 200.00
本部门负责人意见：同意。 莫发愁	借款人签字：龚格英	
财务主管审批：同意。 李一凡	付款方式：现金	出纳：富友理

（印章：现金付讫）

业务 51 $\frac{1}{3}$

东海市童莉食品公司　领料单

编　号：207

领料用途：对外销售　　2019年 12月 29日　　发料仓库：第二仓库

材料类别	材料编号	材料名称	计量单位	数量		单　价	金　额
				请　领	实　发		
（略）	（略）	包装盒	个	10 000	10 000		

二 财务联

仓库保管员：李文英　　领料人：张国政　　记账：王格平

业务 51 $\frac{2}{3}$

东海增值税专用发票

№ 30862174

2100194130

此联不作报销扣税凭证使用

开票日期：2019 年 12 月 29 日

购买方	名　　称：东海市通达食品厂 纳税人识别号：912100202584538678 地 址、电 话：东海市迎新路 69 号 38670876 开户行及账号：工商银行东海市分行 2400360088591			密码区	（略）		
货物或应税劳务、服务名称	规格型号	单　位	数　量	单　价	金　额	税　率	税　额
包装盒		个	10 000	11.00	110 000.00	13%	14 300.00
合　计					¥110 000.00		¥14 300.00
价税合计(大写)	⊗壹拾贰万肆仟叁佰元整				（小写）¥124 300.00		
销售方	名　　称：东海市童莉食品公司 纳税人识别号：91210020124321010A 地 址、电 话：东海市建设路 58 号 34560789 开户行及账号：工商银行东海市支行 23004500670089			备注			

第一联　记账联　销售方记账凭证

收款人：王进宏　　复核：　　开票人：刘宏远　　销售方(盖章)

（印章：全国统一发票监制章 国家税务总局 东海市税务局）

业务 51 $\frac{3}{3}$

ICBC 中国工商银行　进账单　（收账通知）　3

2019 年 12 月 29 日

出票人	全　称	东海市通达食品厂	收款人	全　称	东海市童莉食品公司
	账　号	2400360088591		账　号	23004500670089
	开户银行	工商银行东海市分行		开户银行	工商东海市支行
金额	人民币(大写)	壹拾贰万肆仟叁佰元整		亿千百十万千百十元角分	¥124 300.00
票据种类	转账支票	票据张数			
票据号码	14025112				
	复核　记账			收款人开户银行签章	

此联是收款人开户银行交给收款人的收账通知

（印章：中国工商银行东海市支行 2019年12月29日 转讫）

业务 52

ICBC 中国工商银行　信汇凭证（收账通知）　4

委托日期 2019 年 12 月 29 日

汇款人	全　称	太原市莲花超市	收款人	全　称	东海市童莉食品公司
	账　号	2400140048360		账　号	23004500670089
	汇出地点	山西 省 太原 市/县		汇入地点	省 东海 市/县
汇出行名称		工商银行太原市分行	汇入行名称		工商银行东海市支行
金额	人民币(大写)	陆拾万元整		亿千百十万千百十元角分	¥600 000.00
此汇款已收入收款人账户。 汇入行签章			支付密码 附加信息及用途： 太原市莲花超市预付货款。 2019 年 12 月 29 日 复核：　记账：		

此联汇出行给汇款人的收账通知

（印章：中国工商银行东海市支行 2019年12月29日 转讫）

业务 53 $\frac{1}{4}$

东海市童莉食品公司　　报账（付款）审批单

部门：办公室　　　　2019 年 12 月 29 日

经手人	焦吉华	事　由	支付购买配方专利权款
项目名称	金　额（元）	付款（结算）方式	备　注
配方专利权款	190 800.00	转账支票	
合　计	￥190 800.00		
单位负责人审批	财务主管	部门领导	出纳员
同意。药童莉	同意。李一凡	同意。赵婉茹	富友理

附单据 2 张

业务 53 $\frac{2}{4}$

中国工商银行　转账支票存根

支票号码 19203142

附加信息

出票日期 2019 年 12 月 29 日

收款人：	东海市斯特食品公司
金　额：	￥190 800.00
用　途：	支付专利权款

单位主管：药童莉　　会计：高桂格

（印章：东海市童莉食品公司 财务专用章）

业务 53 $\frac{3}{4}$

东海增值税专用发票

2101194130　　No 10442186

开票日期：2019 年 12 月 29 日

购买方	名　称：东海市童莉食品公司 纳税人识别号：91210020124321010A 地 址、电 话：东海市建设路 58 号 34560789 开户行及账号：工商银行东海市支行 23004500670089			密码区	（略）		
货物或应税劳务、服务名称	规格型号	单　位	数　量	单　价	金　额	税　率	税　额
配方专利权		套	1	180 000.00	180 000.00	6%	10 800.00
合　计					￥180 000.00		￥10 800.00
价税合计（大写）	⊗壹拾玖万零捌佰元整						￥190 800.00
销售方	名　称：东海市斯特食品公司 纳税人识别号：912101369185215329 地 址、电 话：东海市临汾路 32 号 60089486 开户行及账号：建设银行东海市分行 2866450038300			备注	（印章：东海市斯特食品公司 912101369185215329 发票专用章）		

收款人：王清华　　复核：　　开票人：张辉明　　销售方（盖章）

第三联 发票联 购买方记账凭证

（印章：全国统一发票监制章 国家税务总局 东海市税务局）

业务 53 $\frac{4}{4}$

无形资产交接(验收)单

2019 年 12 月 29 日

编号	名称	规格	专利编号	计量单位	数量	建造单位		备注
0514	专利权		201610100068. X	项	1	东海市斯特食品公司		
总价	买价	运杂费	包装费	安装费	其他	原值	预计年限	净残值率
	180 000					180 000	10 年	0
用途	生产用		使用部门		生产车间		累计摊销	
验收意见		合格,交付使用			验收人签章		陆新华	

财务主管:李一凡　　制单:严尧秋　　复核:高桂格

业务 54

东海市童莉食品公司　产品入库单

交库单位:生产车间　　2019 年 12 月 29 日　　仓库:成品库　编号:314

产品编号	规格	产品名称	计量单位	数量		单位成本	总成本	备　注
				送检	实收			
(略)	(略)	饼干	盒	8 000	8 000			完工入库
(略)	(略)	蛋卷	盒	5 500	5 500			

二 财务联

车间主管:高安全　　保管员:甄仔细　　记账:高桂格　　制单:严尧秋

业务 55 $\frac{1}{3}$

东海市童莉食品公司　报账(付款)审批单

部门:办公室　　2019 年 12 月 31 日

经手人	艾笑寿	事　由	支付购进包装盒款
项目名称	金　额(元)	付款(结算)方式	备　注
材料采购	249 391. 00	委托收款(付款通知)	材料尚未验收入库
合　计	¥249 391. 00		
单位负责人审批	财务主管	部门领导	出纳员
同意。药童莉	同意。李一凡	同意。莫发愁	富友理

附单据 2 张

业务 55 $\frac{2}{3}$

江苏增值税专用发票

No 10462198

3200194130

开票日期：2019 年 12 月 28 日

购买方	名　　称：东海市童莉食品公司 纳税人识别号：91210020124321010A 地 址、电 话：东海市建设路 58 号 34560789 开户行及账号：工商银行东海市支行 23004500670089			密码区	（略）		
货物或应税劳务、服务名称	规格型号	单 位	数 量	单 价	金 额	税 率	税 额
包装盒		个	22 070	10.00	220 700.00	13%	28 691.00
合 计					¥220 700.00		¥28 691.00
价税合计（大写）	⊗贰拾肆万玖仟叁佰玖拾壹元整				（小写）¥ 249 391.00		
销售方	名　　称：南京市华荣金属公司 纳税人识别号：91320102609859405D 地 址、电 话：南京市中山路 16 号 30089384 开户行及账号：工商银行南京市支行 2400670246308			备注			

收款人：钱宏选　　复核：　　开票人：郭丰民　　销售方（盖章）

第三联 发票联 购买方记账凭证

（印章：全国统一发票监制章 国家税务总局 江苏省税务局；材料在途；南京市华荣金属公司 91320102609859405D 发票专用章）

业务 55 $\frac{3}{3}$

ICBC 中国工商银行　托收凭证（付款通知）　5

No

委托日期 2019 年 12 月 28 日　　付款期限 2019 年 12 月 31 日

业务类型	委托收款（☑邮划、□电划）　托收承付（□邮划、□电划）						
付款人 全称	东海市童莉食品公司			收款人 全称	南京市华荣金属公司		
付款人 账号	23004500670089			收款人 账号	2400670246308		
付款人 地址	省东海市/县	开户行	工行东海支行	收款人 地址	江苏省南京市/县	开户行	工行南京市支行
金额	人民币（大写）贰拾肆万玖仟叁佰玖拾壹元整				亿 千 百 十 万 千 百 十 元 角 分 ¥ 2 4 9 3 9 1 0 0		
款项内容	货款	托收凭据名称	增值税专用发票	附寄单证张数	2		
商品发运情况		合同名称号码					
备注： 付款人开户银行收到日期： 2019 年 12 月 31 日 复核　记账	付款人开户银行签章 2019 年 12 月 31 日	付款人注意： 1. 根据支付结算办法，上列委托收款（托收承付）款项在付款期限内未提出拒付，即视为同意付款，以此代付款通知。 2. 如需提出全部或部分拒付，应在规定期限内，将拒付理由书并附债务证明退交开户银行。					

此联付款人开户银行给付款人按期付款通知

（印章：中国工商银行东海市支行 2019年12月31日 转讫）

业务 56

无法支付应付款项确认单

2016 年 3 月入账的应付世纪公司的货款叁万陆仟壹佰捌拾元整（¥36 180.00），经当地市场监督管理局确认，该公司已于 1 年前破产倒闭。因此，该款项已无法支付，经公司董事会讨论决定，将该款项作为营业外收入处理。

财务经理：李一凡

2019 年 12 月 31 日

会计主管：李一凡　　制单：刘景明　　复核：高桂格

第五章　产品成本计算及期末会计事项的原始凭证

一、产品成本计算的自制原始凭证及其填制

业务 57 $\frac{1}{2}$

原材料加权平均单位成本计算表

2019 年 12 月 31 日　　　　单位：元

材料名称	期初结存		本期收入		合计		加权平均单价
	数量	金额	数量	金额	数量	金额	
小麦粉							
白砂糖							
鸡蛋							
食用油							
包装盒							
合计							

财务主管：李一凡　　制单：刘景明　　复核：高桂格

业务 57 $\frac{2}{2}$

发料凭证汇总表

附件____张

2019 年 12 月 31 日　　　　金额单位：元

项目 名称	加权平均单价	饼干生产		蛋卷生产		对外销售		合计
		数量	金额	数量	金额	数量	金额	
小麦粉								
白砂糖								
鸡蛋								
食用油								
包装盒								
合计								

财务主管：李一凡　　制单：刘景明　　复核：高桂格

业务 58

应付工资结算汇总表

2019 年 12 月 31 日

单位：元

车间或部门		基本工资	津　贴	奖　金	其　他	合　计
生产工人工资	饼干	450 000	192 000	116 000	32 000	790 000
	蛋卷	330 000	165 000	107 000	28 000	630 000
车间管理人员		70 000	38 000	14 000	18 000	140 000
专设销售机构人员		25 000	16 000	19 000	4 000	64 000
行政管理人员		64 000	17 000	5 000	14 000	100 000
合　计		￥939 000	￥428 000	￥261 000	￥96 000	￥1 724 000

财务主管：李一凡　　制单：刘景明　　复核：高桂格

业务 59

职工福利费计提表

2019 年 12 月 31 日

单位：元

车间或部门(人员类别)		工 资 总 额	计 提 比 例	计 提 金 额
生产工人	饼干		14%	
	蛋卷		14%	
车间管理人员			14%	
专设销售机构人员			14%	
行政管理人员			14%	
合　计				

财务主管：李一凡　　制单：刘景明　　复核：高桂格

业务 60

水电费用计算分配表

2019 年 12 月 31 日

金额单位：元

部　门	水费分配			电费分配			总　计
	耗用量(m^3)	单价	金额	耗用量(度)	单价	金额	
生产车间	1 160	5.00		99 135	0.80		
行政管理部门	640	5.00		8 000	0.80		
合　计	1 800		￥9 000	107 135		￥85 708	￥94 708

财务主管：李一凡　　制单：刘景明　　复核：高桂格

业务 61

固定资产折旧计算汇总表

2019 年 12 月 31 日

金额单位：元

部门或用途	月初固定资产原值		月折旧率	月折旧额
生产车间	机器设备类	8 000 000	1.6%	
	房屋建筑类	5 000 000	0.6%	
	小计	**13 000 000**		
专设销售机构	机器设备类	1 000 000	1.5%	
	房屋建筑类	2 500 000	0.4%	
	小计	**3 500 000**		
行政管理部门	机器设备类	2 000 000	1.5%	
	房屋建筑类	9 950 000	0.4%	
	小计	**11 950 000**		
合计		￥28 450 000		￥252 800

财务主管：李一凡　　制单：刘景明　　复核：高桂格

业务 62

制造费用分配表

2019 年 12 月 31 日

金额单位：元

车间或产品	分配标准(生产工人工资)	分配率	分配金额
饼干			
蛋卷			
合计			

会计主管：李一凡　　制单：刘景明　　复核：高桂格

业务 63

产品成本计算表

2019 年 12 月 31 日

附件：____张

金额单位：元

成本项目	饼干(______盒)		蛋卷(______盒)	
	总成本	单位成本	总成本	单位成本
直接材料				
直接人工				
制造费用				
生产成本合计				

会计主管：李一凡　　制单：刘景明　　复核：高桂格

二、期末会计事项的自制原始凭证及其填制

业务 64 $\frac{1}{2}$

库存商品加权平均单位成本计算表

2019 年 12 月 31 日　　单位：元

产品名称	计量单位	期初结存		本期收入		合计		加权平均单位成本
		数量	金额	数量	金额	数量	金额	
饼干	盒							
蛋卷	盒							
合计								

财务主管：李一凡　　制单：刘景明　　记账：高桂格

业务 64 $\frac{2}{2}$

主营业务成本计算表

2019 年 12 月 31 日　　单位：元

产品名称	计量单位	加权平均单位成本	本期销售	
			数量	总成本
饼干	盒			
蛋卷	盒			
合计				

财务主管：李一凡　　制单：刘景明　　记账：高桂格

业务 65 $\frac{1}{3}$

应交及未交增值税计算表

2019 年 12 月 31 日　　金额单位：元

项目	当期销项税额	当期进项税额	当期应纳增值税税额	已交增值税	转出未交增值税
金额					

会计主管：李一凡　　制单：刘景明　　复核：高桂格

业务 65 $\frac{2}{3}$

应交城市维护建设税和教育费附加计算表

2019 年 12 月 31 日　　金额单位：元

税种	计税依据	计税金额	税率	应纳税额
城市维护建设税	应交增值税、消费税之和		7%	
教育费附加	应交增值税、消费税之和		3%	
合计				

会计主管：李一凡　　制单：刘景明　　复核：高桂格

业务 65 $\frac{3}{3}$

房产税从价计征计算表

2019 年 12 月 31 日　　金额单位：元

年初房产原始价值	17 500 000	计税余值计算	17 500 000×(1−30%)=12 250 000(元)
扣除比例	30%	年应纳税额计算	12 250 000×1.2%=147 000(元)
税　　率	1.20%	本季度应纳税额	147 000÷4=36 750(元)
纳税期限与缴纳方式	房产税实行按年计算，分期缴纳的征收方式。按季并在季末月份实际缴纳。		

会计主管：李一凡　　制单：刘景明　　复核：高桂格

业务 66

坏账准备计提表

2019 年 12 月 31 日　　金额单位：元

项　目	应收账款账面余额	坏账准备计提比例	期末"坏账准备"账户应有余额	"坏账准备"账户计提前账面余额	本期应补提(或冲减)数
应收账款		3%			
其他应收款		0%			
合　计					

会计主管：李一凡　　制单：刘景明　　复核：高桂格

业务 67

银行借款利息计算表

2019 年 12 月 31 日　　金额单位：元

借款名称	借款金额	计息月份	借款月利率	借款利息
短期借款——工行东支	2 500 000	12 月	0.4%	10 000
利　息　合　计				¥10 000

会计主管：李一凡　　制单：刘景明　　复核：高桂格

业务 68

无形资产摊销表

2019 年 12 月 31 日　　金额单位：元

名　称	入账时间	原值	摊销年限	已摊销月数	累计已摊销金额	本月应摊销金额	备注
专利技术	2018.04.30	540 000	10	20	90 000		自用
配方专利	2019.12.29	180 000	10	0	0		自用
合　计		¥720 000			¥90 000		

会计主管：李一凡　　制单：刘景明　　复核：高桂格

业务 69

本月损益类账户发生额汇总表

2019 年 12 月 31 日

单位：元

收入类账户		贷方余额	费用类账户		借方余额	费用类账户	借方余额
主营业务收入	饼干		主营业务成本	饼干		销售费用	
	蛋卷			蛋卷		管理费用	
其他业务收入	材料销售		其他业务成本	材料销售		财务费用	
						信用减值损失	
营业外收入			税金及附加			营业外支出	
收入合计			费用合计			利润总额	

会计主管：李一凡　　制单：刘景明　　复核：高桂格

业务 70 $\frac{1}{2}$

企业所得税按月（季）度预缴纳税申报表（A 类）（简易）

税款所属期间：　　年　　月　　日至　　年　　月　　日

纳税人识别号：9 1 2 1 0 0 2 0 1 2 4 3 2 1 0 1 0 A

纳税人名称：东海市童莉食品公司　　金额单位：人民币元（列至角分）

预缴方式	☑ 按照实际利润额预缴　□ 按照上一纳税年度应纳税所得额平均额预缴	
企业类型	☑ 一般企业　□ 跨地区经营汇总纳税企业总机构	
预缴税款计算		
行次	项　目	本年累计金额
1	营业收入	
2	营业成本	
3	利润总额	
4	加：特定业务计算的应纳税所得额	
5	减：不征税收入	
6	减：免税收入、减计收入、所得减免等优惠金额	
7	减：固定资产加速折旧（扣除）调减额	
8	减：弥补以前年度亏损	
9	实际利润额（3＋4－5－6－7－8）	
10	税率（25%）	
11	应纳所得税额（9×10）	
12	减：减免所得税额（填写 A201030）	
13	减：实际已缴纳所得税额	
14	减：特定业务预缴（征）所得税额	
15	本期应补（退）所得税额（11－12－13－14）	

谨声明：此纳税申报表是根据《中华人民共和国企业所得税法》《中华人民共和国企业所得税法实施条例》以及有关税收政策和国家统一会计制度的规定填报的，是真实的、可靠的、完整的。

法定代表人（签章）：　　2019 年 12 月 31 日

纳税人公章： 会计主管：李一凡（印） 填表日期：2019 年 12 月 31 日	代理申报中介机构公章： 经办人： 经办人执业证件号码： 代理申报日期：　年　月　日	主管税务机关受理专用章： 受理人： 受理日期：2019 年 12 月 31 日

（印章：东海市童莉食品公司；东海市税务分局 征税专用章）

国家税务总局监制

业务 70 $\frac{2}{2}$

损益类账户全年累计发生额汇总表

单位：元

账户名称	金　额	借或贷	账户名称	金　额	借或贷
主营业务收入		贷	销售费用		借
其他业务收入		贷	管理费用		借
营业外收入		贷	财务费用		借
主营业务成本		借	信用减值损失		借
其他业务成本		借	营业外支出		借
税金及附加		借	所得税费用		借
利润总额			税后利润		

财务主管：李一凡　　制单：刘景明　　复核：高桂格

注：上表的“营业收入”和“营业成本”项目仅填企业发生的主营业务和其他业务，与利润总额计算无关。

业务 71

可供分配利润计算及利润分配表

2019 年 12 月 31 日

单位：元

项　　目	金　额	项　　目	金　额
全年预计净利润		本年可供分配的净利润	
减：本年应提取的法定盈余公积		实际分配利润(董事会决议批准)	4 000 000
扣除盈余公积后的本年净利润		其中：港城投资公司(60%)	
加：年初未分配利润		海虹机械公司(40%)	

会计主管：李一凡　　制单：刘景明　　复核：高桂格

业务 72

利润结转及未分配利润计算表

2019 年 12 月 31 日

单位：元

结转情况 / 账户名称		结转前余额		实际结转		结转后余额	
		借　方	贷　方	借　方	贷　方	借　方	贷　方
本年利润						无	无
利润分配	提取法定盈余公积					无	无
	应付利润					无	无
	未分配利润						

会计主管：李一凡　　制单：刘景明　　复核：高桂格

第六章　编制会计报表

一、结账与编制总账账户本期发生额及余额试算平衡表

业务 73

总账账户本期发生额及余额试算平衡表

2019 年 12 月 31 日　　　　金额单位：元

会计科目	期初余额		本期发生额		期末余额	
	借方	贷方	借方	贷方	借方	贷方
库存现金	2 000					
银行存款	8 600 980					
应收票据	2 381 620					
应收账款	1 181 890					
预付账款	264 910					
其他应收款	13 700					
坏账准备		14 200				
在途物资	220 000					
原材料	1 153 400					
库存商品	1 202 692					
固定资产	28 450 000					
累计折旧		921 272				
在建工程	209 000					
无形资产	540 000					
累计摊销		90 000				
短期借款		2 500 000				
应付票据		339 300				
应付账款		172 180				
预收账款		2 620 000				

续表

会计科目	期初余额		本期发生额		期末余额	
	借方	贷方	借方	贷方	借方	贷方
应付职工薪酬		1 617 640				
应交税费		325 800				
应付利息		21 600				
应付股利						
其他应付款	1 800					
实收资本		30 000 000				
资本公积		300 000				
盈余公积		900 000				
利润分配		200 000				
本年利润		4 200 000				
生产成本						
制造费用						
主营业务收入						
其他业务收入						
营业外收入						
主营业务成本						
其他业务成本						
税金及附加						
销售费用						
管理费用						
财务费用						
信用减值损失						
营业外支出						
所得税费用						
合　计	44 221 992	44 221 992				

二、编制资产负债表

业务 74

资产负债表

2019 年 12 月 31 日

编制单位：(盖章)　　　　　　会企 01 表
　　　　　　　　　　　　　　单位：元

资　　产	期　末　余　额	上年年末余额	负债和所有者权益	期　末　余　额	上年年末余额
流动资产：		(略)	流动负债：		(略)
货币资金			短期借款		
交易性金融资产			交易性金融负债		
衍生金融资产			衍生金融负债		
应收票据			应付票据		
应收账款			应付账款		
应收款项融资			预收款项		
预付款项			合同负债		
其他应收款			应付职工薪酬		
存货			应交税费		
合同资产			其他应付款		
持有待售资产			持有待售负债		
一年内到期的非流动资产			一年内到期的非流动负债		
其他流动资产			其他流动负债		
流动资产合计			流动负债合计		
非流动资产：			非流动负债：		
债权投资			长期借款		
其他债权投资			应付债券		
长期应收款			其中：优先股		
长期股权投资			永续债		
其他权益工具投资			长期应付款		
其他非流动金融资产			递延收益		
投资性房地产			递延所得税负债		
固定资产			其他非流动负债		
在建工程			非流动负债合计		
生产性生物资产			负债合计		
油气资产			所有者权益：		
使用权资产			实收资本		
无形资产			其他权益工具		
开发支出			其中：优先股		
商誉			永续债		
长期待摊费用			资本公积		
递延所得税资产			其他综合收益		
其他非流动资产			专项储备		
非流动资产合计			盈余公积		
			未分配利润		
			所有者权益合计		
资产总计			负债及所有者权益总计		

三、编制利润表

业务 75

利　润　表

会企 02 表

编制单位：（盖章） 东海市童莉食品公司　　2019 年 12 月　　单位：元

项　目	本　期　金　额	本年累计金额
一、营业收入		
减：营业成本		
税金及附加		
销售费用		
管理费用		
研发费用		
财务费用		
其中：利息费用		
利息收入		
加：其他收益		
投资收益（损失以“—”号填列）		
其中：对联营企业和合营企业的投资收益		
以摊余成本计量的金融资产终止确认收益（损失以“—”号填列）		
公允价值变动收益（损失以“—”号填列）		
信用减值损失（损失以“—”号填列）		
资产减值损失（损失以“—”号填列）		
资产处置收益（损失以“—”号填列）		
二、营业利润（亏损以“—”号填列）		
加：营业外收入		
减：营业外支出		
三、利润总额（亏损总额以“—”号填列）		
减：所得税费用		
四、净利润（净亏损以“—”号填列）		
（一）持续经营净利润（净亏损以“—”号填列）		
（二）终止经营净利润（净亏损以“—”号填列）		
五、其他综合收益的税后净额		
（一）以后不能重分类进损益的其他综合收益		
（二）以后将重分类进损益的其他综合收益		
六、综合收益总额		
七、每股收益：		
（一）基本每股收益		
（二）稀释每股收益		

收　款　凭　证

总　号	1
分　号	收 1

借方科目　银行存款　　　　2019 年 12 月 1 日　　　　附件　2　张

摘　要	应贷科目：一级科目	应贷科目：二级及明细科目	过账	亿	千	百	十	万	千	百	十	元	角	分
现销欣欣食品店产品	主营业务收入	饼干					5	4	0	0	0	0	0	0
		蛋卷					3	2	2	0	0	0	0	0
	应交税费	应交增值税（销项）					1	1	2	0	6	0	0	0
合　计						¥	9	7	4	0	6	0	0	0

财会主管　李一凡　　记账　　出纳　　复核　　制单

收　款　凭　证

总　号	
分　号	

借方科目　　　　年　月　日　　　　附件　　张

摘　要	应贷科目：一级科目	应贷科目：二级及明细科目	过账	亿	千	百	十	万	千	百	十	元	角	分
合　计														

财会主管　　记账　　出纳　　复核　　制单

总号	
分号	

收款凭证

借方科目…………　　　　年　月　日　　　　附件　　张

摘要	应贷科目		过账	金额										
	一级科目	二级及明细科目		亿	千	百	十	万	千	百	十	元	角	分
合计														

财会主管　　　记账　　　出纳　　　复核　　　制单

总号	
分号	

收款凭证

借方科目…………　　　　年　月　日　　　　附件　　张

摘要	应贷科目		过账	金额										
	一级科目	二级及明细科目		亿	千	百	十	万	千	百	十	元	角	分
合计														

财会主管　　　记账　　　出纳　　　复核　　　制单

收款凭证

总号	
分号	

借方科目________　　　　年　月　日　　　　附件　　张

摘要	应贷科目		过账	金额										
	一级科目	二级及明细科目		亿	千	百	十	万	千	百	十	元	角	分
合计														

财会主管　　　记账　　　出纳　　　复核　　　制单

收款凭证

总号	
分号	

借方科目________　　　　年　月　日　　　　附件　　张

摘要	应贷科目		过账	金额										
	一级科目	二级及明细科目		亿	千	百	十	万	千	百	十	元	角	分
合计														

财会主管　　　记账　　　出纳　　　复核　　　制单

总号	
分号	

收款凭证

借方科目＿＿＿＿＿＿　　年　月　日　　附件　张

摘要	应贷科目		过账	金额										
	一级科目	二级及明细科目		亿	千	百	十	万	千	百	十	元	角	分
合计														

财会主管　记账　出纳　复核　制单

总号	
分号	

收款凭证

借方科目＿＿＿＿＿＿　　年　月　日　　附件　张

摘要	应贷科目		过账	金额										
	一级科目	二级及明细科目		亿	千	百	十	万	千	百	十	元	角	分
合计														

财会主管　记账　出纳　复核　制单

收 款 凭 证

总号	
分号	

借方科目 ....　　　　年　月　日　　　　附件　　张

摘要	应贷科目		过账	金额										
	一级科目	二级及明细科目		亿	千	百	十	万	千	百	十	元	角	分
合计														

财会主管　　记账　　出纳　　复核　　制单

收 款 凭 证

总号	
分号	

借方科目 ....　　　　年　月　日　　　　附件　　张

摘要	应贷科目		过账	金额										
	一级科目	二级及明细科目		亿	千	百	十	万	千	百	十	元	角	分
合计														

财会主管　　记账　　出纳　　复核　　制单

收款凭证

总号	
分号	

借方科目______　　　　年　月　日　　　　附件　　张

摘要	应贷科目		过账	金额										
	一级科目	二级及明细科目		亿	千	百	十	万	千	百	十	元	角	分
合计														

财会主管　　　记账　　　出纳　　　复核　　　制单

收款凭证

总号	
分号	

借方科目______　　　　年　月　日　　　　附件　　张

摘要	应贷科目		过账	金额										
	一级科目	二级及明细科目		亿	千	百	十	万	千	百	十	元	角	分
合计														

财会主管　　　记账　　　出纳　　　复核　　　制单

总号	
分号	

收 款 凭 证

借方科目 ....　　　　年　　月　　日　　　　附件　　　　张

摘要	应贷科目		过账	金额										
	一级科目	二级及明细科目		亿	千	百	十	万	千	百	十	元	角	分
合计														

财会主管　　　　记账　　　　出纳　　　　复核　　　　制单

总号	
分号	

收 款 凭 证

借方科目 ....　　　　年　　月　　日　　　　附件　　　　张

摘要	应贷科目		过账	金额										
	一级科目	二级及明细科目		亿	千	百	十	万	千	百	十	元	角	分
合计														

财会主管　　　　记账　　　　出纳　　　　复核　　　　制单

总号	
分号	

收款凭证

借方科目…………　　　　年　月　日　　　　附件　　张

摘要	应贷科目		过账	金额										
	一级科目	二级及明细科目		亿	千	百	十	万	千	百	十	元	角	分
合计														

财会主管　　记账　　出纳　　复核　　制单

总号	
分号	

收款凭证

借方科目…………　　　　年　月　日　　　　附件　　张

摘要	应贷科目		过账	金额										
	一级科目	二级及明细科目		亿	千	百	十	万	千	百	十	元	角	分
合计														

财会主管　　记账　　出纳　　复核　　制单

总号	3
分号	付1

收款凭证

借方科目 ....　　　　年　　月　　日　　　　附件　2　张

摘要	应贷科目		过账	金额										
	一级科目	二级及明细科目		亿	千	百	十	万	千	百	十	元	角	分
合计														

财会主管　　记账　　出纳　　复核　　制单　　领款人签章

总号	
分号	

收款凭证

借方科目 ....　　　　年　　月　　日　　　　附件　　张

摘要	应贷科目		过账	金额										
	一级科目	二级及明细科目		亿	千	百	十	万	千	百	十	元	角	分
合计														

财会主管　　记账　　出纳　　复核　　制单　　领款人签章

付款凭证

总号	3
分号	付1

贷方科目 银行存款　　　　2019年12月1日　　　　附件　　张

摘要	应借科目		过账	金额										
	一级科目	二级及明细科目		亿	千	百	十	万	千	百	十	元	角	分
偿付前欠河东鸡场货款	应付账款	河东鸡场					2	2	6	0	0	0	0	0
合计						¥	2	2	6	0	0	0	0	0

财会主管　　记账　　出纳　　复核　　制单　　领款人签章

付款凭证

总号	
分号	

贷方科目　　　　年　月　日　　　　附件　　张

摘要	应借科目		过账	金额										
	一级科目	二级及明细科目		亿	千	百	十	万	千	百	十	元	角	分
合计														

财会主管　　记账　　出纳　　复核　　制单　　领款人签章

总号	
分号	

付款凭证

贷方科目 .... 年 月 日 附件 张

摘要	应借科目		过账	金额										
	一级科目	二级及明细科目		亿	千	百	十	万	千	百	十	元	角	分
合计														

财会主管 记账 出纳 复核 制单 领款人签章

总号	
分号	

付款凭证

贷方科目 .... 年 月 日 附件 张

摘要	应借科目		过账	金额										
	一级科目	二级及明细科目		亿	千	百	十	万	千	百	十	元	角	分
合计														

财会主管 记账 出纳 复核 制单 领款人签章

付款凭证

	总号	
	分号	

贷方科目 ………… 年 月 日 附件 张

摘要	应借科目		过账	金额										
	一级科目	二级及明细科目		亿	千	百	十	万	千	百	十	元	角	分
合计														

财会主管 记账 出纳 复核 制单 领款人签章

付款凭证

	总号	
	分号	

贷方科目 ………… 年 月 日 附件 张

摘要	应借科目		过账	金额										
	一级科目	二级及明细科目		亿	千	百	十	万	千	百	十	元	角	分
合计														

财会主管 记账 出纳 复核 制单 领款人签章

总号	
分号	

付款凭证

贷方科目__________　　　　年　　月　　日　　　　附件　　　张

摘要	应借科目		过账	金额										
	一级科目	二级及明细科目		亿	千	百	十	万	千	百	十	元	角	分
合计														

财会主管　　记账　　出纳　　复核　　制单　　领款人签章

总号	
分号	

付款凭证

贷方科目__________　　　　年　　月　　日　　　　附件　　　张

摘要	应借科目		过账	金额										
	一级科目	二级及明细科目		亿	千	百	十	万	千	百	十	元	角	分
合计														

财会主管　　记账　　出纳　　复核　　制单　　领款人签章

总号	
分号	

付　款　凭　证

贷方科目 ……………　　年　月　日　　附件　　张

摘　要	应借科目		过账	金额										
	一级科目	二级及明细科目		亿	千	百	十	万	千	百	十	元	角	分
合　计														

财会主管　　记账　　出纳　　复核　　制单　　领款人签章

总号	
分号	

付　款　凭　证

贷方科目 ……………　　年　月　日　　附件　　张

摘　要	应借科目		过账	金额										
	一级科目	二级及明细科目		亿	千	百	十	万	千	百	十	元	角	分
合　计														

财会主管　　记账　　出纳　　复核　　制单　　领款人签章

总号	
分号	

付款凭证

贷方科目 .... 年 月 日 附件 张

摘要	应借科目		过账	金额										
	一级科目	二级及明细科目		亿	千	百	十	万	千	百	十	元	角	分
合计														

财会主管　　记账　　出纳　　复核　　制单　　领款人签章

总号	
分号	

付款凭证

贷方科目 .... 年 月 日 附件 张

摘要	应借科目		过账	金额										
	一级科目	二级及明细科目		亿	千	百	十	万	千	百	十	元	角	分
合计														

财会主管　　记账　　出纳　　复核　　制单　　领款人签章

付　款　凭　证

总　号	
分　号	

贷方科目 ……………　　　　年　　月　　日　　　　附件　　　　张

摘　要	应　借　科　目		过账	金　额										
	一级科目	二级及明细科目		亿	千	百	十	万	千	百	十	元	角	分
合　计														

财会主管　　　记账　　　出纳　　　复核　　　制单　　　领款人签章

付　款　凭　证

总　号	
分　号	

贷方科目 ……………　　　　年　　月　　日　　　　附件　　　　张

摘　要	应　借　科　目		过账	金　额										
	一级科目	二级及明细科目		亿	千	百	十	万	千	百	十	元	角	分
合　计														

财会主管　　　记账　　　出纳　　　复核　　　制单　　　领款人签章

总号	
分号	

付款凭证

贷方科目…………　　　　年　月　日　　　　附件　　张

摘要	应借科目		过账	金额										
	一级科目	二级及明细科目		亿	千	百	十	万	千	百	十	元	角	分
合计														

财会主管　　记账　　出纳　　复核　　制单　　领款人签章

总号	
分号	

付款凭证

贷方科目…………　　　　年　月　日　　　　附件　　张

摘要	应借科目		过账	金额										
	一级科目	二级及明细科目		亿	千	百	十	万	千	百	十	元	角	分
合计														

财会主管　　记账　　出纳　　复核　　制单　　领款人签章

付 款 凭 证

总 号	
分 号	

贷方科目……　　年　月　日　　附件　张

摘 要	应借科目		过账	金额										
	一级科目	二级及明细科目		亿	千	百	十	万	千	百	十	元	角	分
合 计														

财会主管　记账　出纳　复核　制单　领款人签章

付 款 凭 证

总 号	
分 号	

贷方科目……　　年　月　日　　附件　张

摘 要	应借科目		过账	金额										
	一级科目	二级及明细科目		亿	千	百	十	万	千	百	十	元	角	分
合 计														

财会主管　记账　出纳　复核　制单　领款人签章

总号	
分号	

付 款 凭 证

贷方科目 ……………… 年 月 日 附件 张

摘 要	应借科目		过账	金额										
	一级科目	二级及明细科目		亿	千	百	十	万	千	百	十	元	角	分
合 计														

财会主管 记账 出纳 复核 制单 领款人签章

总号	
分号	

付 款 凭 证

贷方科目 ……………… 年 月 日 附件 张

摘 要	应借科目		过账	金额										
	一级科目	二级及明细科目		亿	千	百	十	万	千	百	十	元	角	分
合 计														

财会主管 记账 出纳 复核 制单 领款人签章

付款凭证

总号	
分号	

贷方科目 ……　　　　年　月　日　　　　附件　　张

摘要	应借科目		过账	金额										
	一级科目	二级及明细科目		亿	千	百	十	万	千	百	十	元	角	分
合计														

财会主管　　记账　　出纳　　复核　　制单　　领款人签章

付款凭证

总号	
分号	

贷方科目 ……　　　　年　月　日　　　　附件　　张

摘要	应借科目		过账	金额										
	一级科目	二级及明细科目		亿	千	百	十	万	千	百	十	元	角	分
合计														

财会主管　　记账　　出纳　　复核　　制单　　领款人签章

	总号	
	分号	

付 款 凭 证

贷方科目 ……　　年　月　日　　附件　张

摘要	应借科目		过账	金额										
	一级科目	二级及明细科目		亿	千	百	十	万	千	百	十	元	角	分
合计														

财会主管　记账　出纳　复核　制单　领款人签章

	总号	
	分号	

付 款 凭 证

贷方科目 ……　　年　月　日　　附件　张

摘要	应借科目		过账	金额										
	一级科目	二级及明细科目		亿	千	百	十	万	千	百	十	元	角	分
合计														

财会主管　记账　出纳　复核　制单　领款人签章

付 款 凭 证

总 号	
分 号	

贷方科目 .... 年 月 日 附件 张

摘 要	应借科目		过账	金额										
	一级科目	二级及明细科目		亿	千	百	十	万	千	百	十	元	角	分
合 计														

财会主管 记账 出纳 复核 制单 领款人签章

付 款 凭 证

总 号	
分 号	

贷方科目 .... 年 月 日 附件 张

摘 要	应借科目		过账	金额										
	一级科目	二级及明细科目		亿	千	百	十	万	千	百	十	元	角	分
合 计														

财会主管 记账 出纳 复核 制单 领款人签章

总号	
分号	

付款凭证

贷方科目 ....　　　　年　月　日　　　　附件　　张

摘要	应借科目		过账	金额										
	一级科目	二级及明细科目		亿	千	百	十	万	千	百	十	元	角	分
合计														

财会主管　　记账　　出纳　　复核　　制单　　领款人签章

总号	
分号	

付款凭证

贷方科目 ....　　　　年　月　日　　　　附件　　张

摘要	应借科目		过账	金额										
	一级科目	二级及明细科目		亿	千	百	十	万	千	百	十	元	角	分
合计														

财会主管　　记账　　出纳　　复核　　制单　　领款人签章

总号	
分号	

付款凭证

贷方科目 ……………… 年 月 日 附件 张

摘要	应借科目		过账	金额										
	一级科目	二级及明细科目		亿	千	百	十	万	千	百	十	元	角	分
合计														

财会主管 记账 出纳 复核 制单 领款人签章

总号	
分号	

付款凭证

贷方科目 ……………… 年 月 日 附件 张

摘要	应借科目		过账	金额										
	一级科目	二级及明细科目		亿	千	百	十	万	千	百	十	元	角	分
合计														

财会主管 记账 出纳 复核 制单 领款人签章

付 款 凭 证

总 号	
分 号	

贷方科目 ……………… 年 月 日 附件 张

摘 要	应 借 科 目		过账	金 额										
	一级科目	二级及明细科目		亿	千	百	十	万	千	百	十	元	角	分
合 计														

财会主管 记账 出纳 复核 制单 领款人签章

付 款 凭 证

总 号	
分 号	

贷方科目 ……………… 年 月 日 附件 张

摘 要	应 借 科 目		过账	金 额										
	一级科目	二级及明细科目		亿	千	百	十	万	千	百	十	元	角	分
合 计														

财会主管 记账 出纳 复核 制单 领款人签章

转 账 凭 证

2019 年 12 月 1 日

总号	2
分号	转 1

附件 4 张

摘要	一级科目	二级明细科目	过账	借方金额（千百十万千百十元角分）	贷方金额（千百十万千百十元角分）
冲销预付款购料	原材料	鸡蛋		24900000	
	应交税费	应交增值税(进项)		2241000	
	预付账款	国立鸡场			27141000
合计				¥27141000	¥27141000

财会主管　　复核　　记账　　制单

转 账 凭 证

年　月　日

总号	
分号	

附件　张

摘要	一级科目	二级明细科目	过账	借方金额（千百十万千百十元角分）	贷方金额（千百十万千百十元角分）
合计					

财会主管　　复核　　记账　　制单

总号	
分号	

转账凭证

年　　月　　日　　　　　　　　附件　　　　张

摘要	一级科目	二级明细科目	过账	借方金额										贷方金额									
				千	百	十	万	千	百	十	元	角	分	千	百	十	万	千	百	十	元	角	分
合计																							

财会主管　　　　复核　　　　记账　　　　制单

总号	
分号	

转账凭证

年　　月　　日　　　　　　　　附件　　　　张

摘要	一级科目	二级明细科目	过账	借方金额										贷方金额									
				千	百	十	万	千	百	十	元	角	分	千	百	十	万	千	百	十	元	角	分
合计																							

财会主管　　　　复核　　　　记账　　　　制单

转 账 凭 证

总号 ______

分号 ______

年　月　日　　　　附件　　张

摘要	一级科目	二级明细科目	过账	借方金额										贷方金额									
				千	百	十	万	千	百	十	元	角	分	千	百	十	万	千	百	十	元	角	分
合计																							

财会主管　　复核　　记账　　制单

转 账 凭 证

总号 ______

分号 ______

年　月　日　　　　附件　　张

摘要	一级科目	二级明细科目	过账	借方金额										贷方金额									
				千	百	十	万	千	百	十	元	角	分	千	百	十	万	千	百	十	元	角	分
合计																							

财会主管　　复核　　记账　　制单

转 账 凭 证

总 号
分 号

年 月 日　　　　附件　　张

摘 要	一级科目	二级明细科目	过账	借方金额										贷方金额									
				千	百	十	万	千	百	十	元	角	分	千	百	十	万	千	百	十	元	角	分
合 计																							

财会主管　　复核　　记账　　制单

转 账 凭 证

总 号
分 号

年 月 日　　　　附件　　张

摘 要	一级科目	二级明细科目	过账	借方金额										贷方金额									
				千	百	十	万	千	百	十	元	角	分	千	百	十	万	千	百	十	元	角	分
合 计																							

财会主管　　复核　　记账　　制单

转 账 凭 证

总号	
分号	

年 月 日　　　　附件　　张

摘要	一级科目	二级明细科目	过账	借方金额										贷方金额									
				千	百	十	万	千	百	十	元	角	分	千	百	十	万	千	百	十	元	角	分
合计																							

财会主管　　　　复核　　　　记账　　　　制单

转 账 凭 证

总号	
分号	

年 月 日　　　　附件　　张

摘要	一级科目	二级明细科目	过账	借方金额										贷方金额									
				千	百	十	万	千	百	十	元	角	分	千	百	十	万	千	百	十	元	角	分
合计																							

财会主管　　　　复核　　　　记账　　　　制单

转　账　凭　证

总　号	
分　号	

年　　月　　日　　　　附件　　　　张

摘　要	一级科目	二级明细科目	过账	借方金额										贷方金额									
				千	百	十	万	千	百	十	元	角	分	千	百	十	万	千	百	十	元	角	分
合　计																							

财会主管　　　　复核　　　　记账　　　　制单

转　账　凭　证

总　号	
分　号	

年　　月　　日　　　　附件　　　　张

摘　要	一级科目	二级明细科目	过账	借方金额										贷方金额									
				千	百	十	万	千	百	十	元	角	分	千	百	十	万	千	百	十	元	角	分
合　计																							

财会主管　　　　复核　　　　记账　　　　制单

总号	
分号	

转 账 凭 证

年 月 日　　附件 张

摘要	一级科目	二级明细科目	过账	借方金额										贷方金额									
				千	百	十	万	千	百	十	元	角	分	千	百	十	万	千	百	十	元	角	分
合计																							

财会主管　　复核　　记账　　制单

总号	
分号	

转 账 凭 证

年 月 日　　附件 张

摘要	一级科目	二级明细科目	过账	借方金额										贷方金额									
				千	百	十	万	千	百	十	元	角	分	千	百	十	万	千	百	十	元	角	分
合计																							

财会主管　　复核　　记账　　制单

转账凭证

总号 | 分号

年 月 日 附件 张

摘要	一级科目	二级明细科目	过账	借方金额										贷方金额									
				千	百	十	万	千	百	十	元	角	分	千	百	十	万	千	百	十	元	角	分
合计																							

财会主管 复核 记账 制单

转账凭证

总号 | 分号

年 月 日 附件 张

摘要	一级科目	二级明细科目	过账	借方金额										贷方金额									
				千	百	十	万	千	百	十	元	角	分	千	百	十	万	千	百	十	元	角	分
合计																							

财会主管 复核 记账 制单

转 账 凭 证

总号	
分号	

年　月　日　　　　附件　　张

摘要	一级科目	二级明细科目	过账	借方金额										贷方金额									
				千	百	十	万	千	百	十	元	角	分	千	百	十	万	千	百	十	元	角	分
合计																							

财会主管　　复核　　记账　　制单

转 账 凭 证

总号	
分号	

年　月　日　　　　附件　　张

摘要	一级科目	二级明细科目	过账	借方金额										贷方金额									
				千	百	十	万	千	百	十	元	角	分	千	百	十	万	千	百	十	元	角	分
合计																							

财会主管　　复核　　记账　　制单

总号	
分号	

转 账 凭 证

年　　月　　日　　　　　　　　附件　　　　张

摘要	一级科目	二级明细科目	过账	借方金额										贷方金额									
				千	百	十	万	千	百	十	元	角	分	千	百	十	万	千	百	十	元	角	分
合计																							

财会主管　　　　复核　　　　记账　　　　制单

总号	
分号	

转 账 凭 证

年　　月　　日　　　　　　　　附件　　　　张

摘要	一级科目	二级明细科目	过账	借方金额										贷方金额									
				千	百	十	万	千	百	十	元	角	分	千	百	十	万	千	百	十	元	角	分
合计																							

财会主管　　　　复核　　　　记账　　　　制单

转 账 凭 证

总　号	
分　号	

年　　月　　日　　　　　　附件　　　　张

摘　要	一级科目	二级明细科目	过账	借方金额										贷方金额									
				千	百	十	万	千	百	十	元	角	分	千	百	十	万	千	百	十	元	角	分
合　计																							

财会主管　　　　复核　　　　记账　　　　制单

转 账 凭 证

总　号	
分　号	

年　　月　　日　　　　　　附件　　　　张

摘　要	一级科目	二级明细科目	过账	借方金额										贷方金额									
				千	百	十	万	千	百	十	元	角	分	千	百	十	万	千	百	十	元	角	分
合　计																							

财会主管　　　　复核　　　　记账　　　　制单

总号	
分号	

转 账 凭 证

年　月　日　　　　附件　　张

摘要	一级科目	二级明细科目	过账	借方金额										贷方金额									
				千	百	十	万	千	百	十	元	角	分	千	百	十	万	千	百	十	元	角	分
合计																							

财会主管　　复核　　记账　　制单

总号	
分号	

转 账 凭 证

年　月　日　　　　附件　　张

摘要	一级科目	二级明细科目	过账	借方金额										贷方金额									
				千	百	十	万	千	百	十	元	角	分	千	百	十	万	千	百	十	元	角	分
合计																							

财会主管　　复核　　记账　　制单

转 账 凭 证

总号	
分号	

年　　月　　日　　　　附件　　　张

摘　要	一级科目	二级明细科目	过账	借方金额										贷方金额									
				千	百	十	万	千	百	十	元	角	分	千	百	十	万	千	百	十	元	角	分
合　计																							

财会主管　　　　复核　　　　记账　　　　制单

转 账 凭 证

总号	
分号	

年　　月　　日　　　　附件　　　张

摘　要	一级科目	二级明细科目	过账	借方金额										贷方金额									
				千	百	十	万	千	百	十	元	角	分	千	百	十	万	千	百	十	元	角	分
合　计																							

财会主管　　　　复核　　　　记账　　　　制单

转 账 凭 证

总号	
分号	

年　月　日　　　　附件　　张

摘要	一级科目	二级明细科目	过账	借方金额										贷方金额									
				千	百	十	万	千	百	十	元	角	分	千	百	十	万	千	百	十	元	角	分
合计																							

财会主管　　复核　　记账　　制单

转 账 凭 证

总号	
分号	

年　月　日　　　　附件　　张

摘要	一级科目	二级明细科目	过账	借方金额										贷方金额									
				千	百	十	万	千	百	十	元	角	分	千	百	十	万	千	百	十	元	角	分
合计																							

财会主管　　复核　　记账　　制单

总号	
分号	

转 账 凭 证

年 月 日　　　　附件 张

摘要	一级科目	二级明细科目	过账	借方金额										贷方金额									
				千	百	十	万	千	百	十	元	角	分	千	百	十	万	千	百	十	元	角	分
合计																							

财会主管　　　　复核　　　　记账　　　　制单

总号	
分号	

转 账 凭 证

年 月 日　　　　附件 张

摘要	一级科目	二级明细科目	过账	借方金额										贷方金额									
				千	百	十	万	千	百	十	元	角	分	千	百	十	万	千	百	十	元	角	分
合计																							

财会主管　　　　复核　　　　记账　　　　制单

转 账 凭 证

总号	
分号	

年 月 日

附件 张

摘要	一级科目	二级明细科目	过账	借方金额										贷方金额									
				千	百	十	万	千	百	十	元	角	分	千	百	十	万	千	百	十	元	角	分
合计																							

财会主管　　复核　　记账　　制单

转 账 凭 证

总号	
分号	

年 月 日

附件 张

摘要	一级科目	二级明细科目	过账	借方金额										贷方金额									
				千	百	十	万	千	百	十	元	角	分	千	百	十	万	千	百	十	元	角	分
合计																							

财会主管　　复核　　记账　　制单

总号	
分号	

转 账 凭 证

年　　月　　日　　　　　　　　附件　　　　张

摘　　要	一级科目	二级明细科目	过账	借方金额										贷方金额									
				千	百	十	万	千	百	十	元	角	分	千	百	十	万	千	百	十	元	角	分
合　　计																							

财会主管　　　　复核　　　　记账　　　　制单

总号	
分号	

转 账 凭 证

年　　月　　日　　　　　　　　附件　　　　张

摘　　要	一级科目	二级明细科目	过账	借方金额										贷方金额									
				千	百	十	万	千	百	十	元	角	分	千	百	十	万	千	百	十	元	角	分
合　　计																							

财会主管　　　　复核　　　　记账　　　　制单

总号	
分号	

转 账 凭 证

年 月 日　　　　附件　　张

摘要	一级科目	二级明细科目	过账	借方金额										贷方金额									
				千	百	十	万	千	百	十	元	角	分	千	百	十	万	千	百	十	元	角	分
合计																							

财会主管　　复核　　记账　　制单

总号	
分号	

转 账 凭 证

年 月 日　　　　附件　　张

摘要	一级科目	二级明细科目	过账	借方金额										贷方金额									
				千	百	十	万	千	百	十	元	角	分	千	百	十	万	千	百	十	元	角	分
合计																							

财会主管　　复核　　记账　　制单

总号	
分号	

转 账 凭 证

年　月　日　　　　附件　　张

摘要	一级科目	二级明细科目	过账	借方金额										贷方金额									
				千	百	十	万	千	百	十	元	角	分	千	百	十	万	千	百	十	元	角	分
合计																							

财会主管　　复核　　记账　　制单

总号	
分号	

转 账 凭 证

年　月　日　　　　附件　　张

摘要	一级科目	二级明细科目	过账	借方金额										贷方金额									
				千	百	十	万	千	百	十	元	角	分	千	百	十	万	千	百	十	元	角	分
合计																							

财会主管　　复核　　记账　　制单

转 账 凭 证

总 号	
分 号	

年 月 日　　　　附件　　　张

摘 要	一级科目	二级明细科目	过账	借方金额										贷方金额									
				千	百	十	万	千	百	十	元	角	分	千	百	十	万	千	百	十	元	角	分
合 计																							

财会主管　　　　复核　　　　记账　　　　制单

转 账 凭 证

总 号	
分 号	

年 月 日　　　　附件　　　张

摘 要	一级科目	二级明细科目	过账	借方金额										贷方金额									
				千	百	十	万	千	百	十	元	角	分	千	百	十	万	千	百	十	元	角	分
合 计																							

财会主管　　　　复核　　　　记账　　　　制单

总号	
分号	

转账凭证

年　月　日　　　　附件　　张

摘要	一级科目	二级明细科目	过账	借方金额										贷方金额									
				千	百	十	万	千	百	十	元	角	分	千	百	十	万	千	百	十	元	角	分
合计																							

财会主管　　复核　　记账　　制单

总号	
分号	

转账凭证

年　月　日　　　　附件　　张

摘要	一级科目	二级明细科目	过账	借方金额										贷方金额									
				千	百	十	万	千	百	十	元	角	分	千	百	十	万	千	百	十	元	角	分
合计																							

财会主管　　复核　　记账　　制单

转 账 凭 证

总 号	
分 号	

年 月 日　　　　附件 张

摘 要	一级科目	二级明细科目	过账	借方金额										贷方金额									
				千	百	十	万	千	百	十	元	角	分	千	百	十	万	千	百	十	元	角	分
合 计																							

财会主管　　复核　　记账　　制单

转 账 凭 证

总 号	
分 号	

年 月 日　　　　附件 张

摘 要	一级科目	二级明细科目	过账	借方金额										贷方金额									
				千	百	十	万	千	百	十	元	角	分	千	百	十	万	千	百	十	元	角	分
合 计																							

财会主管　　复核　　记账　　制单

编号：	附件共	张
记账凭证 收款	第 号至 号共	张
记账凭证 付款	第 号至 号共	张
记账凭证 转账	第 号至 号共	张

科 目 汇 总 表

年 月 日至 月 日

会计科目	本期发生额汇总																				会计科目	本期发生额汇总																			
	借方										贷方											借方										贷方									
	千	百	十	万	千	百	十	元	角	分	千	百	十	万	千	百	十	元	角	分		千	百	十	万	千	百	十	元	角	分	千	百	十	万	千	百	十	元	角	分

财会主管　　记账　　复核　　制表

编号：	附件共　　张
记账凭证　收款	第　　号至　　号共　　张
记账凭证　付款	第　　号至　　号共　　张
记账凭证　转账	第　　号至　　号共　　张

科　目　汇　总　表

年　　月　　日至　　月　　日

会计科目	本期发生额汇总		会计科目	本期发生额汇总	
	借方	贷方		借方	贷方
	千百十万千百十元角分	千百十万千百十元角分		千百十万千百十元角分	千百十万千百十元角分

财会主管　　　　记账　　　　复核　　　　制表

编号：	附件共	张
记账凭证 收款	第　号至　号共	张
记账凭证 付款	第　号至　号共	张
记账凭证 转账	第　号至　号共	张

科　目　汇　总　表

年　月　日至　月　日

会计科目	本期发生额汇总																				会计科目	本期发生额汇总																			
	借方										贷方											借方										贷方									
	千	百	十	万	千	百	十	元	角	分	千	百	十	万	千	百	十	元	角	分		千	百	十	万	千	百	十	元	角	分	千	百	十	万	千	百	十	元	角	分

财会主管　　记账　　复核　　制表

编号：		附件共		张
记账凭证	收款	第	号至	号共	张
	付款	第	号至	号共	张
	转账	第	号至	号共	张

科 目 汇 总 表

年 月 日至 月 日

会计科目	本期发生额汇总																				会计科目	本期发生额汇总																			
	借方										贷方											借方										贷方									
	千	百	十	万	千	百	十	元	角	分	千	百	十	万	千	百	十	元	角	分		千	百	十	万	千	百	十	元	角	分	千	百	十	万	千	百	十	元	角	分

财会主管　　　　记账　　　　复核　　　　制表

编号：			附件共		张
记账凭证	收款	第	号至	号共	张
	付款	第	号至	号共	张
	转账	第	号至	号共	张

科目汇总表

年 月 日至 月 日

会计科目	本期发生额汇总																				会计科目	本期发生额汇总																			
	借方										贷方											借方										贷方									
	千	百	十	万	千	百	十	元	角	分	千	百	十	万	千	百	十	元	角	分		千	百	十	万	千	百	十	元	角	分	千	百	十	万	千	百	十	元	角	分

财会主管　　记账　　复核　　制表

编号：		附件共 张		
记账凭证	收款	第	号至	号共 张
	付款	第	号至	号共 张
	转账	第	号至	号共 张

科 目 汇 总 表

年 月 日至 月 日

会计科目	本期发生额汇总		会计科目	本期发生额汇总	
	借方	贷方		借方	贷方
	千百十万千百十元角分	千百十万千百十元角分		千百十万千百十元角分	千百十万千百十元角分

财会主管 记账 复核 制表

库存现金日记账

第　　　页

2019年 月	日	凭证字号	摘要	对方科目	√	收入（借方）金额 千百十万千百十元角分	付出（贷方）金额 千百十万千百十元角分	结余金额 千百十万千百十元角分
11			承前页			1216000	1361000	51000
	30	付23	提现备用			760000		
	30	付24	报销办公用品				41000	
	30	付28	龚格英出差借款				570000	200000
			月　结			1976000	1972000	200000
12								

库 存 现 金 日 记 账

第　　　　页

年		凭证字号	摘　要	对方科目	√	收入(借方)金额										付出(贷方)金额										结余金额									
月	日					千	百	十	万	千	百	十	元	角	分	千	百	十	万	千	百	十	元	角	分	千	百	十	万	千	百	十	元	角	分

银行存款日记账

第　　页

2019年 月	日	凭证字号	支票号码	摘要	对方科目	√	收入(借方)金额 亿千百十万千百十元角分	付出(贷方)金额 亿千百十万千百十元角分	结余金额 亿千百十万千百十元角分
11				承上页			329100800	402350000	837258000
	30	收13		收到牡丹超市预付货款			8000000		
	30	收14		现销红星商场产品			15600000		
	30	付23		提现备用				760000	
				本日合计			23600000	760000	860098000
				月　结			352700800	403110000	860098000

银行存款日记账

第　　页

年		凭证字号	支票号码	摘要	对方科目	√	收入（借方）金额											付出（贷方）金额											结余金额										
月	日						亿	千	百	十	万	千	百	十	元	角	分	亿	千	百	十	万	千	百	十	元	角	分	亿	千	百	十	万	千	百	十	元	角	分

银 行 存 款 日 记 账

第　　　　页

年		凭证字号	支票号码	摘　　要	对 方 科 目	✓	收入(借方)金额											付出(贷方)金额											结 余 金 额										
月	日						亿	千	百	十	万	千	百	十	元	角	分	亿	千	百	十	万	千	百	十	元	角	分	亿	千	百	十	万	千	百	十	元	角	分

银行存款日记账

第　　页

年		凭证字号	支票号码	摘要	对方科目	✓	收入（借方）金额											付出（贷方）金额											结余金额										
月	日						亿	千	百	十	万	千	百	十	元	角	分	亿	千	百	十	万	千	百	十	元	角	分	亿	千	百	十	万	千	百	十	元	角	分

库存现金　　总账

第　　页

2019年		凭证		摘要	日页	借方金额	贷方金额	借或贷	余额
月	日	种类	号数			亿千百十万千百十元角分	亿千百十万千百十元角分		亿千百十万千百十元角分
12	1			月初余额				借	200000
	15	科汇	1	1日至15日发生额		964400	978000		
		科汇		16日至31日发生额		620000	600000		
				月结		1584400	1578000		206400
				结转下年					206400

总账

第　　页

年		凭证		摘要	日页	借方金额	贷方金额	借或贷	余额
月	日	种类	号数			亿千百十万千百十元角分	亿千百十万千百十元角分		亿千百十万千百十元角分

总账

第　　　页

年		凭证		摘要	日页	借方金额											贷方金额											借或贷	余额										
月	日	种类	号数			亿	千	百	十	万	千	百	十	元	角	分	亿	千	百	十	万	千	百	十	元	角	分		亿	千	百	十	万	千	百	十	元	角	分

总账

第　　　页

年		凭证		摘要	日页	借方金额											贷方金额											借或贷	余额										
月	日	种类	号数			亿	千	百	十	万	千	百	十	元	角	分	亿	千	百	十	万	千	百	十	元	角	分		亿	千	百	十	万	千	百	十	元	角	分

总账

第　　页

年		凭证		摘要	日页	借方金额											贷方金额											借或贷	余额										
月	日	种类	号数			亿	千	百	十	万	千	百	十	元	角	分	亿	千	百	十	万	千	百	十	元	角	分		亿	千	百	十	万	千	百	十	元	角	分

总账

第　　页

年		凭证		摘要	日页	借方金额											贷方金额											借或贷	余额										
月	日	种类	号数			亿	千	百	十	万	千	百	十	元	角	分	亿	千	百	十	万	千	百	十	元	角	分		亿	千	百	十	万	千	百	十	元	角	分

总账

第　　页

年		凭证		摘要	日页	借方金额											贷方金额											借或贷	余额										
月	日	种类	号数			亿	千	百	十	万	千	百	十	元	角	分	亿	千	百	十	万	千	百	十	元	角	分		亿	千	百	十	万	千	百	十	元	角	分

总账

第　　页

年		凭证		摘要	日页	借方金额											贷方金额											借或贷	余额										
月	日	种类	号数			亿	千	百	十	万	千	百	十	元	角	分	亿	千	百	十	万	千	百	十	元	角	分		亿	千	百	十	万	千	百	十	元	角	分

总账

第　　　页

年		凭证		摘要	日页	借方金额											贷方金额											借或贷	余额										
月	日	种类	号数			亿	千	百	十	万	千	百	十	元	角	分	亿	千	百	十	万	千	百	十	元	角	分		亿	千	百	十	万	千	百	十	元	角	分

总账

第　　　页

年		凭证		摘要	日页	借方金额											贷方金额											借或贷	余额										
月	日	种类	号数			亿	千	百	十	万	千	百	十	元	角	分	亿	千	百	十	万	千	百	十	元	角	分		亿	千	百	十	万	千	百	十	元	角	分

总账

第　　　　页

年		凭证		摘要	日页	借方金额											贷方金额											借或贷	余额										
月	日	种类	号数			亿	千	百	十	万	千	百	十	元	角	分	亿	千	百	十	万	千	百	十	元	角	分		亿	千	百	十	万	千	百	十	元	角	分

总账

第　　　　页

年		凭证		摘要	日页	借方金额											贷方金额											借或贷	余额										
月	日	种类	号数			亿	千	百	十	万	千	百	十	元	角	分	亿	千	百	十	万	千	百	十	元	角	分		亿	千	百	十	万	千	百	十	元	角	分

总账

第　　　　页

年		凭证		摘要	日页	借方金额											贷方金额											借或贷	余额										
月	日	种类	号数			亿	千	百	十	万	千	百	十	元	角	分	亿	千	百	十	万	千	百	十	元	角	分		亿	千	百	十	万	千	百	十	元	角	分

总账

第　　　　页

年		凭证		摘要	日页	借方金额											贷方金额											借或贷	余额										
月	日	种类	号数			亿	千	百	十	万	千	百	十	元	角	分	亿	千	百	十	万	千	百	十	元	角	分		亿	千	百	十	万	千	百	十	元	角	分

总账

第　　页

年		凭证		摘要	日页	借方金额											贷方金额											借或贷	余额										
月	日	种类	号数			亿	千	百	十	万	千	百	十	元	角	分	亿	千	百	十	万	千	百	十	元	角	分		亿	千	百	十	万	千	百	十	元	角	分

总账

第　　页

年		凭证		摘要	日页	借方金额											贷方金额											借或贷	余额										
月	日	种类	号数			亿	千	百	十	万	千	百	十	元	角	分	亿	千	百	十	万	千	百	十	元	角	分		亿	千	百	十	万	千	百	十	元	角	分

总账

第　　页

年		凭证		摘要	日页	借方金额											贷方金额											借或贷	余额										
月	日	种类	号数			亿	千	百	十	万	千	百	十	元	角	分	亿	千	百	十	万	千	百	十	元	角	分		亿	千	百	十	万	千	百	十	元	角	分

总账

第　　页

年		凭证		摘要	日页	借方金额											贷方金额											借或贷	余额										
月	日	种类	号数			亿	千	百	十	万	千	百	十	元	角	分	亿	千	百	十	万	千	百	十	元	角	分		亿	千	百	十	万	千	百	十	元	角	分

总账

第　　页

年		凭证		摘要	日页	借方金额											贷方金额											借或贷	余额										
月	日	种类	号数			亿	千	百	十	万	千	百	十	元	角	分	亿	千	百	十	万	千	百	十	元	角	分		亿	千	百	十	万	千	百	十	元	角	分

总账

第　　页

年		凭证		摘要	日页	借方金额											贷方金额											借或贷	余额										
月	日	种类	号数			亿	千	百	十	万	千	百	十	元	角	分	亿	千	百	十	万	千	百	十	元	角	分		亿	千	百	十	万	千	百	十	元	角	分

总账

第　　页

年		凭证		摘要	日页	借方金额											贷方金额											借或贷	余额										
月	日	种类	号数			亿	千	百	十	万	千	百	十	元	角	分	亿	千	百	十	万	千	百	十	元	角	分		亿	千	百	十	万	千	百	十	元	角	分

总账

第　　页

年		凭证		摘要	日页	借方金额											贷方金额											借或贷	余额										
月	日	种类	号数			亿	千	百	十	万	千	百	十	元	角	分	亿	千	百	十	万	千	百	十	元	角	分		亿	千	百	十	万	千	百	十	元	角	分

总账

第　　页

年		凭证		摘要	日页	借方金额											贷方金额											借或贷	余额										
月	日	种类	号数			亿	千	百	十	万	千	百	十	元	角	分	亿	千	百	十	万	千	百	十	元	角	分		亿	千	百	十	万	千	百	十	元	角	分

总账

第　　页

年		凭证		摘要	日页	借方金额											贷方金额											借或贷	余额										
月	日	种类	号数			亿	千	百	十	万	千	百	十	元	角	分	亿	千	百	十	万	千	百	十	元	角	分		亿	千	百	十	万	千	百	十	元	角	分

总账

第　　页

年		凭证		摘要	日页	借方金额											贷方金额											借或贷	余额										
月	日	种类	号数			亿	千	百	十	万	千	百	十	元	角	分	亿	千	百	十	万	千	百	十	元	角	分		亿	千	百	十	万	千	百	十	元	角	分

总账

第　　页

年		凭证		摘要	日页	借方金额											贷方金额											借或贷	余额										
月	日	种类	号数			亿	千	百	十	万	千	百	十	元	角	分	亿	千	百	十	万	千	百	十	元	角	分		亿	千	百	十	万	千	百	十	元	角	分

总账

第　　页

年		凭证		摘要	日页	借方金额											贷方金额											借或贷	余额										
月	日	种类	号数			亿	千	百	十	万	千	百	十	元	角	分	亿	千	百	十	万	千	百	十	元	角	分		亿	千	百	十	万	千	百	十	元	角	分

总账

第　　页

年		凭证		摘要	日页	借方金额											贷方金额											借或贷	余额										
月	日	种类	号数			亿	千	百	十	万	千	百	十	元	角	分	亿	千	百	十	万	千	百	十	元	角	分		亿	千	百	十	万	千	百	十	元	角	分

总账

第　　页

年		凭证		摘要	日页	借方金额											贷方金额											借或贷	余额										
月	日	种类	号数			亿	千	百	十	万	千	百	十	元	角	分	亿	千	百	十	万	千	百	十	元	角	分		亿	千	百	十	万	千	百	十	元	角	分

总账

第　　页

年		凭证		摘要	日页	借方金额											贷方金额											借或贷	余额										
月	日	种类	号数			亿	千	百	十	万	千	百	十	元	角	分	亿	千	百	十	万	千	百	十	元	角	分		亿	千	百	十	万	千	百	十	元	角	分

总账

第　　页

年		凭证		摘要	日页	借方金额											贷方金额											借或贷	余额										
月	日	种类	号数			亿	千	百	十	万	千	百	十	元	角	分	亿	千	百	十	万	千	百	十	元	角	分		亿	千	百	十	万	千	百	十	元	角	分

总账

第　　页

年		凭证		摘要	日页	借方金额											贷方金额											借或贷	余额										
月	日	种类	号数			亿	千	百	十	万	千	百	十	元	角	分	亿	千	百	十	万	千	百	十	元	角	分		亿	千	百	十	万	千	百	十	元	角	分

总账

第　　页

年		凭证		摘要	日页	借方金额											贷方金额											借或贷	余额										
月	日	种类	号数			亿	千	百	十	万	千	百	十	元	角	分	亿	千	百	十	万	千	百	十	元	角	分		亿	千	百	十	万	千	百	十	元	角	分

总账

第　　页

年		凭证		摘要	日页	借方金额											贷方金额											借或贷	余额										
月	日	种类	号数			亿	千	百	十	万	千	百	十	元	角	分	亿	千	百	十	万	千	百	十	元	角	分		亿	千	百	十	万	千	百	十	元	角	分

总账

第　　页

年		凭证		摘要	日页	借方金额											贷方金额											借或贷	余额										
月	日	种类	号数			亿	千	百	十	万	千	百	十	元	角	分	亿	千	百	十	万	千	百	十	元	角	分		亿	千	百	十	万	千	百	十	元	角	分

总账

第　　页

年		凭证		摘要	日页	借方金额											贷方金额											借或贷	余额										
月	日	种类	号数			亿	千	百	十	万	千	百	十	元	角	分	亿	千	百	十	万	千	百	十	元	角	分		亿	千	百	十	万	千	百	十	元	角	分

总账

第　　页

年		凭证		摘要	日页	借方金额											贷方金额											借或贷	余额										
月	日	种类	号数			亿	千	百	十	万	千	百	十	元	角	分	亿	千	百	十	万	千	百	十	元	角	分		亿	千	百	十	万	千	百	十	元	角	分

总账

第　　页

年		凭证		摘要	日页	借方金额											贷方金额											借或贷	余额										
月	日	种类	号数			亿	千	百	十	万	千	百	十	元	角	分	亿	千	百	十	万	千	百	十	元	角	分		亿	千	百	十	万	千	百	十	元	角	分

总账

第　　页

年		凭证		摘要	日页	借方金额											贷方金额											借或贷	余额										
月	日	种类	号数			亿	千	百	十	万	千	百	十	元	角	分	亿	千	百	十	万	千	百	十	元	角	分		亿	千	百	十	万	千	百	十	元	角	分

总账

第　　页

年		凭证		摘要	日页	借方金额											贷方金额											借或贷	余额										
月	日	种类	号数			亿	千	百	十	万	千	百	十	元	角	分	亿	千	百	十	万	千	百	十	元	角	分		亿	千	百	十	万	千	百	十	元	角	分

总账

第　　页

年		凭证		摘要	日页	借方金额											贷方金额											借或贷	余额										
月	日	种类	号数			亿	千	百	十	万	千	百	十	元	角	分	亿	千	百	十	万	千	百	十	元	角	分		亿	千	百	十	万	千	百	十	元	角	分

总账

第　　页

年		凭证		摘要	日页	借方金额											贷方金额											借或贷	余额										
月	日	种类	号数			亿	千	百	十	万	千	百	十	元	角	分	亿	千	百	十	万	千	百	十	元	角	分		亿	千	百	十	万	千	百	十	元	角	分

总账

第　　　　页

年		凭证		摘要	日页	借方金额											贷方金额											借或贷	余额										
月	日	种类	号数			亿	千	百	十	万	千	百	十	元	角	分	亿	千	百	十	万	千	百	十	元	角	分		亿	千	百	十	万	千	百	十	元	角	分

总账

第　　　　页

年		凭证		摘要	日页	借方金额											贷方金额											借或贷	余额										
月	日	种类	号数			亿	千	百	十	万	千	百	十	元	角	分	亿	千	百	十	万	千	百	十	元	角	分		亿	千	百	十	万	千	百	十	元	角	分

应收票据　　明细账

二级科目编号及名称　欢喜食品店　　　　总第　　页　分第　　页

2019年 月	日	凭证 种类	凭证 号数	摘要	对方科目	借方金额	贷方金额	借或贷	余额	✓
12	1			月初余额				借	124540000	
	7	转	5	商业汇票销售	主营业务收入	107237000		借	231777000	
	15	收	6	收到托收商业汇票款	银行存款		58340000	借	173437000	
				结转下年				借		

应收票据　　明细账

二级科目编号及名称　　　　总第　　页　分第　　页

年 月	日	凭证 种类	凭证 号数	摘要	对方科目	借方金额	贷方金额	借或贷	余额	✓

应收账款　　明细账

二级科目编号及名称　　　　　　　　　　总第　　页　分第　　页

年		凭证		摘要	对方科目	借方金额											贷方金额											借或贷	余额											✓
月	日	种类	号数			亿	千	百	十	万	千	百	十	元	角	分	亿	千	百	十	万	千	百	十	元	角	分		亿	千	百	十	万	千	百	十	元	角	分	

应收账款　　明细账

二级科目编号及名称　　　　　　　　　　总第　　页　分第　　页

年		凭证		摘要	对方科目	借方金额											贷方金额											借或贷	余额											✓
月	日	种类	号数			亿	千	百	十	万	千	百	十	元	角	分	亿	千	百	十	万	千	百	十	元	角	分		亿	千	百	十	万	千	百	十	元	角	分	

应收账款 明细账

二级科目编号及名称

总第 页 分第 页

年		凭证		摘要	对方科目	借方金额											贷方金额											借或贷	余额											✓
月	日	种类	号数			亿	千	百	十	万	千	百	十	元	角	分	亿	千	百	十	万	千	百	十	元	角	分		亿	千	百	十	万	千	百	十	元	角	分	

预付账款 明细账

二级科目编号及名称

总第 页 分第 页

年		凭证		摘要	对方科目	借方金额											贷方金额											借或贷	余额											✓
月	日	种类	号数			亿	千	百	十	万	千	百	十	元	角	分	亿	千	百	十	万	千	百	十	元	角	分		亿	千	百	十	万	千	百	十	元	角	分	

预付账款　　明细账

二级科目编号及名称　　　　　　　　　　总第　　页　分第　　页

年		凭证		摘要	对方科目	借方金额											贷方金额											借或贷	余额											✓
月	日	种类	号数			亿	千	百	十	万	千	百	十	元	角	分	亿	千	百	十	万	千	百	十	元	角	分		亿	千	百	十	万	千	百	十	元	角	分	

其他应收款　　明细账

二级科目编号及名称　　　　　　　　　　总第　　页　分第　　页

年		凭证		摘要	对方科目	借方金额											贷方金额											借或贷	余额											✓
月	日	种类	号数			亿	千	百	十	万	千	百	十	元	角	分	亿	千	百	十	万	千	百	十	元	角	分		亿	千	百	十	万	千	百	十	元	角	分	

其他应收款　　明细账

二级科目编号及名称　　　　　　　　总第　　页　分第　　页

年		凭证		摘要	对方科目	借方金额											贷方金额											借或贷	余额											✓
月	日	种类	号数			亿	千	百	十	万	千	百	十	元	角	分	亿	千	百	十	万	千	百	十	元	角	分		亿	千	百	十	万	千	百	十	元	角	分	

坏账准备　　明细账

二级科目编号及名称　　　　　　　　总第　　页　分第　　页

年		凭证		摘要	对方科目	借方金额											贷方金额											借或贷	余额											✓
月	日	种类	号数			亿	千	百	十	万	千	百	十	元	角	分	亿	千	百	十	万	千	百	十	元	角	分		亿	千	百	十	万	千	百	十	元	角	分	

在途物资　　明细账

二级科目编号及名称　　　　　　总第　　页　分第　　页

年		凭证		摘要	对方科目	借方金额											贷方金额											借或贷	余额											✓
月	日	种类	号数			亿	千	百	十	万	千	百	十	元	角	分	亿	千	百	十	万	千	百	十	元	角	分		亿	千	百	十	万	千	百	十	元	角	分	

资产减值损失　　明细账

二级科目编号及名称　　　　　　总第　　页　分第　　页

年		凭证字号	摘要	借方										（　　）方金额分析					
月	日			千	百	十	万	千	百	十	元	角	分	固定资产减值损失	存货减值损失				

原材料　　明细账

总页　　　　分页

存储地点　　　　最高存量　　　　最低存量　　　　计量单位　　　　货名

年		凭证		摘要	收入（借方）			发出（贷方）			结存		
月	日	种类	号数		数量	单价	金额 千百十万千百十元角分	数量	单价	金额 千百十万千百十元角分	数量	单价	金额 千百十万千百十元角分

原材料　　明细账

总页　　　　分页

存储地点　　　　最高存量　　　　最低存量　　　　计量单位　　　　货名

年		凭证		摘要	收入（借方）												发出（贷方）												结存											
					数量	单价	金额										数量	单价	金额										数量	单价	金额									
月	日	种类	号数				千	百	十	万	千	百	十	元	角	分			千	百	十	万	千	百	十	元	角	分			千	百	十	万	千	百	十	元	角	分

原材料明细账

总页 分页

存储地点 最高存量 最低存量 计量单位 货名

年		凭证		摘要	收入（借方）												发出（贷方）												结存											
					数量	单价	金额										数量	单价	金额										数量	单价	金额									
月	日	种类	号数				千	百	十	万	千	百	十	元	角	分			千	百	十	万	千	百	十	元	角	分			千	百	十	万	千	百	十	元	角	分

原材料　　明细账

总页　　　　分页

存储地点　　　　最高存量　　　　最低存量　　　　计量单位　　　　货名

年		凭证		摘要	收入（借方）												发出（贷方）												结存											
					数量	单价	金额										数量	单价	金额										数量	单价	金额									
月	日	种类	号数				千	百	十	万	千	百	十	元	角	分			千	百	十	万	千	百	十	元	角	分			千	百	十	万	千	百	十	元	角	分

原材料　　　明细账

总页　　　分页

存储地点　　　最高存量　　　最低存量　　　计量单位　　　货名

年		凭证		摘要	收入（借方）												发出（贷方）												结存											
					数量	单价	金额										数量	单价	金额										数量	单价	金额									
月	日	种类	号数				千	百	十	万	千	百	十	元	角	分			千	百	十	万	千	百	十	元	角	分			千	百	十	万	千	百	十	元	角	分

库存商品　　明细账

总页 ________ 分页 ________

存储地点 ________ 最高存量 ________ 最低存量 ________ 计量单位 ________ 货名 ________

年		凭证		摘要	收入（借方）												发出（贷方）												结存											
					数量	单价	金额										数量	单价	金额										数量	单价	金额									
月	日	种类	号数				千	百	十	万	千	百	十	元	角	分			千	百	十	万	千	百	十	元	角	分			千	百	十	万	千	百	十	元	角	分

库存商品　　明细账

总页　　　　分页

存储地点　　　　最高存量　　　　最低存量　　　　计量单位　　　　货名

年		凭证		摘要	收入（借方）												发出（贷方）												结存											
					数量	单价	金额										数量	单价	金额										数量	单价	金额									
月	日	种类	号数				千	百	十	万	千	百	十	元	角	分			千	百	十	万	千	百	十	元	角	分			千	百	十	万	千	百	十	元	角	分

明细账

总页 分页

存储地点 最高存量 最低存量 计量单位 货名

年		凭证		摘要	收入（借方）												发出（贷方）												结存											
					数量	单价	金额										数量	单价	金额										数量	单价	金额									
月	日	种类	号数				千	百	十	万	千	百	十	元	角	分			千	百	十	万	千	百	十	元	角	分			千	百	十	万	千	百	十	元	角	分

固定资产　　明细账

二级科目编号及名称　机器设备类　　　　总第　　页　分第　　页

2019年 月	日	凭证 种类	凭证 号数	摘要	对方科目	日页	借方金额	✓	贷方金额	✓	借或贷	余额	✓
12	1			月初余额								1300000000	
	27	转	15	结转完工工程成本	在建工程		17940000						
				月　结			17940000					1317940000	
				结转下年								1317940000	

固定资产　　明细账

二级科目编号及名称　　　　总第　　页　分第　　页

年 月	日	凭证 种类	凭证 号数	摘要	对方科目	日页	借方金额	✓	贷方金额	✓	借或贷	余额	✓

在建工程　　明细账

二级科目编号及名称 ……　　　　总第……页　分第……页

年		凭证		摘要	对方科目	日页	借方金额											✓	贷方金额											✓	借或贷	余额											✓
月	日	种类	号数				亿	千	百	十	万	千	百	十	元	角	分		亿	千	百	十	万	千	百	十	元	角	分			亿	千	百	十	万	千	百	十	元	角	分	

在建工程　　明细账

二级科目编号及名称 ……　　　　总第……页　分第……页

年		凭证		摘要	对方科目	日页	借方金额											✓	贷方金额											✓	借或贷	余额											✓
月	日	种类	号数				亿	千	百	十	万	千	百	十	元	角	分		亿	千	百	十	万	千	百	十	元	角	分			亿	千	百	十	万	千	百	十	元	角	分	

无形资产 明细账

二级科目编号及名称 总第 页 分第 页

年		凭证		摘要	对方科目	日页	借方金额											✓	贷方金额											✓	借或贷	余额											✓
月	日	种类	号数				亿	千	百	十	万	千	百	十	元	角	分		亿	千	百	十	万	千	百	十	元	角	分			亿	千	百	十	万	千	百	十	元	角	分	

无形资产 明细账

二级科目编号及名称 总第 页 分第 页

年		凭证		摘要	对方科目	日页	借方金额											✓	贷方金额											✓	借或贷	余额											✓
月	日	种类	号数				亿	千	百	十	万	千	百	十	元	角	分		亿	千	百	十	万	千	百	十	元	角	分			亿	千	百	十	万	千	百	十	元	角	分	

短期借款　　　明细账

二级科目编号及名称

总第　　页　分第　　页

年		凭证		摘要	对方科目	日页	借方金额	✓	贷方金额	✓	借或贷	余额	✓
月	日	种类	号数				亿千百十万千百十元角分		亿千百十万千百十元角分			亿千百十万千百十元角分	

应付票据　　　明细账

二级科目编号及名称

总第　　页　分第　　页

年		凭证		摘要	对方科目	日页	借方金额	✓	贷方金额	✓	借或贷	余额	✓
月	日	种类	号数				亿千百十万千百十元角分		亿千百十万千百十元角分			亿千百十万千百十元角分	

应付票据　　　明细账

二级科目编号及名称　　　　　　　　　　　　　　　　　　　　　总第　　页　分第　　页

年		凭证		摘要	对方科目	日页	借方金额											✓	贷方金额											✓	借或贷	余额											✓
月	日	种类	号数				亿	千	百	十	万	千	百	十	元	角	分		亿	千	百	十	万	千	百	十	元	角	分			亿	千	百	十	万	千	百	十	元	角	分	

应付账款　　　明细账

二级科目编号及名称　　　　　　　　　　　　　　　　　　　　　总第　　页　分第　　页

年		凭证		摘要	对方科目	日页	借方金额											✓	贷方金额											✓	借或贷	余额											✓
月	日	种类	号数				亿	千	百	十	万	千	百	十	元	角	分		亿	千	百	十	万	千	百	十	元	角	分			亿	千	百	十	万	千	百	十	元	角	分	

应付账款　　明细账

二级科目编号及名称　　　　　　　　总第　　页　分第　　页

年		凭证		摘要	对方科目	日页	借方金额											✓	贷方金额											✓	借或贷	余额											✓
月	日	种类	号数				亿	千	百	十	万	千	百	十	元	角	分		亿	千	百	十	万	千	百	十	元	角	分			亿	千	百	十	万	千	百	十	元	角	分	

应付账款　　明细账

二级科目编号及名称　　　　　　　　总第　　页　分第　　页

年		凭证		摘要	对方科目	日页	借方金额											✓	贷方金额											✓	借或贷	余额											✓
月	日	种类	号数				亿	千	百	十	万	千	百	十	元	角	分		亿	千	百	十	万	千	百	十	元	角	分			亿	千	百	十	万	千	百	十	元	角	分	

预收账款　　明细账

二级科目编号及名称…………　　总第　　页　分第　　页

年		凭证		摘要	对方科目	日页	借方金额											✓	贷方金额											✓	借或贷	余额											✓
月	日	种类	号数				亿	千	百	十	万	千	百	十	元	角	分		亿	千	百	十	万	千	百	十	元	角	分			亿	千	百	十	万	千	百	十	元	角	分	

预收账款　　明细账

二级科目编号及名称…………　　总第　　页　分第　　页

年		凭证		摘要	对方科目	日页	借方金额											✓	贷方金额											✓	借或贷	余额											✓
月	日	种类	号数				亿	千	百	十	万	千	百	十	元	角	分		亿	千	百	十	万	千	百	十	元	角	分			亿	千	百	十	万	千	百	十	元	角	分	

应付职工薪酬 明细账

二级科目编号及名称 ……………… 总第 …… 页 分第 …… 页

年		凭证		摘要	对方科目	日页	借方金额											✓	贷方金额											✓	借或贷	余额											✓
月	日	种类	号数				亿	千	百	十	万	千	百	十	元	角	分		亿	千	百	十	万	千	百	十	元	角	分			亿	千	百	十	万	千	百	十	元	角	分	

应付职工薪酬 明细账

二级科目编号及名称 ……………… 总第 …… 页 分第 …… 页

年		凭证		摘要	对方科目	日页	借方金额											✓	贷方金额											✓	借或贷	余额											✓
月	日	种类	号数				亿	千	百	十	万	千	百	十	元	角	分		亿	千	百	十	万	千	百	十	元	角	分			亿	千	百	十	万	千	百	十	元	角	分	

应交税费——应交增值税　　明细账

总第＿＿页　分第＿＿页

年		凭证字号	摘　要	借方发生额				贷方发生额			借或贷	余　额
月	日			进项税额	已交税金	转出未交增值税	合　计	销项税额	转出多交增值税	合　计		

应交税费——应交增值税　　明细账

总第　　　页　分第　　　页

年		凭证字号	摘要	借方发生额				贷方发生额			借或贷	余额
月	日			进项税额	已交税金	转出未交增值税	合计	销项税额	转出多交增值税	合计		

应交税费 明细账

二级科目编号及名称 总第 页 分第 页

年		凭证		摘要	对方科目	日页	借方金额											✓	贷方金额											✓	借或贷	余额											✓
月	日	种类	号数				亿	千	百	十	万	千	百	十	元	角	分		亿	千	百	十	万	千	百	十	元	角	分			亿	千	百	十	万	千	百	十	元	角	分	

应交税费 明细账

二级科目编号及名称 总第 页 分第 页

年		凭证		摘要	对方科目	日页	借方金额											✓	贷方金额											✓	借或贷	余额											✓
月	日	种类	号数				亿	千	百	十	万	千	百	十	元	角	分		亿	千	百	十	万	千	百	十	元	角	分			亿	千	百	十	万	千	百	十	元	角	分	

应交税费　　明细账

二级科目编号及名称 ……………… 总第 …… 页　分第 …… 页

年		凭证		摘要	对方科目	日页	借方金额											✓	贷方金额											✓	借或贷	余额											✓
月	日	种类	号数				亿	千	百	十	万	千	百	十	元	角	分		亿	千	百	十	万	千	百	十	元	角	分			亿	千	百	十	万	千	百	十	元	角	分	

应交税费　　明细账

二级科目编号及名称 ……………… 总第 …… 页　分第 …… 页

年		凭证		摘要	对方科目	日页	借方金额											✓	贷方金额											✓	借或贷	余额											✓
月	日	种类	号数				亿	千	百	十	万	千	百	十	元	角	分		亿	千	百	十	万	千	百	十	元	角	分			亿	千	百	十	万	千	百	十	元	角	分	

应交税费　　明细账

二级科目编号及名称　　　　总第　　页　分第　　页

年		凭证		摘要	对方科目	日页	借方金额											✓	贷方金额											✓	借或贷	余额											✓
月	日	种类	号数				亿	千	百	十	万	千	百	十	元	角	分		亿	千	百	十	万	千	百	十	元	角	分			亿	千	百	十	万	千	百	十	元	角	分	

应付利息　　明细账

二级科目编号及名称　　　　总第　　页　分第　　页

年		凭证		摘要	对方科目	日页	借方金额											✓	贷方金额											✓	借或贷	余额											✓
月	日	种类	号数				亿	千	百	十	万	千	百	十	元	角	分		亿	千	百	十	万	千	百	十	元	角	分			亿	千	百	十	万	千	百	十	元	角	分	

应付股利　　明细账

二级科目编号及名称……　　　　总第　　页　分第　　页

年		凭证		摘要	对方科目	日页	借方金额											√	贷方金额											√	借或贷	余额											√
月	日	种类	号数				亿	千	百	十	万	千	百	十	元	角	分		亿	千	百	十	万	千	百	十	元	角	分			亿	千	百	十	万	千	百	十	元	角	分	

应付股利　　明细账

二级科目编号及名称……　　　　总第　　页　分第　　页

年		凭证		摘要	对方科目	日页	借方金额											√	贷方金额											√	借或贷	余额											√
月	日	种类	号数				亿	千	百	十	万	千	百	十	元	角	分		亿	千	百	十	万	千	百	十	元	角	分			亿	千	百	十	万	千	百	十	元	角	分	

其他应付款　　　明细账

二级科目编号及名称　　　　　　　　　　总第　　　页　分第　　　页

年		凭证		摘要	对方科目	日页	借方金额											✓	贷方金额											✓	借或贷	余额											✓
月	日	种类	号数				亿	千	百	十	万	千	百	十	元	角	分		亿	千	百	十	万	千	百	十	元	角	分			亿	千	百	十	万	千	百	十	元	角	分	

其他应付款　　　明细账

二级科目编号及名称　　　　　　　　　　总第　　　页　分第　　　页

年		凭证		摘要	对方科目	日页	借方金额											✓	贷方金额											✓	借或贷	余额											✓
月	日	种类	号数				亿	千	百	十	万	千	百	十	元	角	分		亿	千	百	十	万	千	百	十	元	角	分			亿	千	百	十	万	千	百	十	元	角	分	

实收资本　　明细账

二级科目编号及名称 ……………… 总第 ………… 页　分第 ………… 页

年		凭证		摘要	对方科目	日页	借方金额											✓	贷方金额											✓	借或贷	余额											✓
月	日	种类	号数				亿	千	百	十	万	千	百	十	元	角	分		亿	千	百	十	万	千	百	十	元	角	分			亿	千	百	十	万	千	百	十	元	角	分	

实收资本　　明细账

二级科目编号及名称 ……………… 总第 ………… 页　分第 ………… 页

年		凭证		摘要	对方科目	日页	借方金额											✓	贷方金额											✓	借或贷	余额											✓
月	日	种类	号数				亿	千	百	十	万	千	百	十	元	角	分		亿	千	百	十	万	千	百	十	元	角	分			亿	千	百	十	万	千	百	十	元	角	分	

资本公积　　明细账

二级科目编号及名称……　　　　总第……页　分第……页

年		凭证		摘要	对方科目	日页	借方金额											√	贷方金额											√	借或贷	余额											√
月	日	种类	号数				亿	千	百	十	万	千	百	十	元	角	分		亿	千	百	十	万	千	百	十	元	角	分			亿	千	百	十	万	千	百	十	元	角	分	

盈余公积　　明细账

二级科目编号及名称……　　　　总第……页　分第……页

年		凭证		摘要	对方科目	日页	借方金额											√	贷方金额											√	借或贷	余额											√
月	日	种类	号数				亿	千	百	十	万	千	百	十	元	角	分		亿	千	百	十	万	千	百	十	元	角	分			亿	千	百	十	万	千	百	十	元	角	分	

利润分配　　明细账

二级科目编号及名称 ……　　　　总第　　页　分第　　页

年		凭证		摘要	对方科目	日页	借方金额											✓	贷方金额											✓	借或贷	余额											✓
月	日	种类	号数				亿	千	百	十	万	千	百	十	元	角	分		亿	千	百	十	万	千	百	十	元	角	分			亿	千	百	十	万	千	百	十	元	角	分	

利润分配　　明细账

二级科目编号及名称 ……　　　　总第　　页　分第　　页

年		凭证		摘要	对方科目	日页	借方金额											✓	贷方金额											✓	借或贷	余额											✓
月	日	种类	号数				亿	千	百	十	万	千	百	十	元	角	分		亿	千	百	十	万	千	百	十	元	角	分			亿	千	百	十	万	千	百	十	元	角	分	

利润分配　　　明细账

二级科目编号及名称　　　　　　　　　　　　　　　　总第　　　页　分第　　　页

年		凭证		摘要	对方科目	日页	借方金额											✓	贷方金额											✓	借或贷	余额											✓
月	日	种类	号数				亿	千	百	十	万	千	百	十	元	角	分		亿	千	百	十	万	千	百	十	元	角	分			亿	千	百	十	万	千	百	十	元	角	分	

明细账

二级科目编号及名称　　　　　　　　　　　　　　　　总第　　　页　分第　　　页

年		凭证		摘要	对方科目	日页	借方金额											✓	贷方金额											✓	借或贷	余额											✓
月	日	种类	号数				亿	千	百	十	万	千	百	十	元	角	分		亿	千	百	十	万	千	百	十	元	角	分			亿	千	百	十	万	千	百	十	元	角	分	

投产日期　　　计划工时

完工日期　　　实际工时

完成产量　　　数量

生产成本　　明细账

产品规格

总页次　　分页次

生产车间

产品名称　饼干

2019年		凭证字号	摘要	借方发生额	成本项目			
月	日				直接材料	直接人工	制造费用	
11			承前页	2466640.00	1746160.00	720480.00		
	30	转22	分配并结转制造费用	181630.00			181630.00	
	30	转23	结转完工产品成本	2648270.00	1746160.00	720480.00	181630.00	
12								

生产成本明细账

投产日期 计划工时 总页次 分页次

完工日期 实际工时 生产车间

完成产量 数量 产品规格 产品名称 蛋卷

2019年 月	日	凭证字号	摘要	借方发生额	成本项目：直接材料	直接人工	制造费用	
11			承前页	1525680.00	951120.00	574560.00		
	30	转 22	分配并结转制造费用	146840.00			146840.00	
	30	转 23	结转完工产品成本	1672520.00	951120.00	574560.00	146840.00	
12								

制造费用　　　明细账

二级科目编号及名称　　　　　　　　　　　　　　　　总第　　页　分第　　页

2019年 月	日	凭证字号	摘要	借方 千	百	十	万	千	百	十	元	角	分	（借）方金额分析 办公费	工薪费用	水电费用	折旧费		
11			**承前页**			1	8	1	7	7	0	0	0	3 320	133 640	44 810			
	30	转 21	计提折旧费用			1	4	6	7	0	0	0	0				146 700		
	30	转 22	分配并结转制造费用			3	2	8	4	7	0	0	0	3 320	133 640	44 810	146 700		

本年利润明细账

二级科目编号及名称

总第　　页　分第　　页

2019年 月	日	凭证字号	摘要	对方科目	借方金额	贷方金额	借或贷	余额	✓
11			承前页		2734710000	3169210000	贷	434500000	
		转 32	结转所得税费用至本年利润		145000000				
	30		本月合计		293969000	351969000	贷	420000000	
			本年累计		2749210000	3169210000	贷	420000000	
12									

主营业务收入　明细账

二级科目编号及名称　　　　　　　　总第　　页　分第　　页

2019 年 月	日	凭证字号	摘要	贷方 亿	千	百	十	万	千	百	十	元	角	分	（贷）方金额分析 饼干	蛋卷			
11			承前页		3	1	2	5	0	0	0	0	0	0	19 264 000	11 986 000			
	30	转 29	结转收入至本年利润账户			3	4	7	1	0	0	0	0	0	2 140 000	1 331 000			
	30		本年累计		3	1	2	5	0	0	0	0	0	0	19 264 000	11 986 000			
12																			

其他业务收入　　明细账

二级科目编号及名称 　　　　　总第　　页　分第　　页

2019年 月	日	凭证字号	摘要	贷方	（贷）方金额分析 材料销售	租赁收入				
11			承前页	259 000 00	224 000	35 000				
	30	转 29	结转收入至本年利润账户	28 390 00	25 100	3 290				
	30		本年累计	259 000 00	224 000	35 000				
12										

营业外收入　　明细账

二级科目编号及名称 　　　　　总第　　页　分第　　页

2019年 月	日	凭证字号	摘要	贷方	（贷）方金额分析 债务收入	罚没收入	盘盈利得	捐赠利得	
11			承前页	183 100 00	85 600	6 820	34 680	56 000	
	30	转 29	结转收入至本年利润账户	20 300 00	9 500	750	3 850	6 200	
	30		本年累计	183 100 00	85 600	6 820	34 680	56 000	
12									

主营业务成本明细账

二级科目编号及名称 ______　　总第 ____ 页　分第 ____ 页

2019年 月	日	凭证字号	摘要	借方 亿	千	百	十	万	千	百	十	元	角	分	（借）方金额分析 饼干	蛋卷			
11			承前页		2	0	4	6	0	0	0	0	0	0	12 684 000	7 776 000			
	30	转30	结转费用至本年利润账户			2	2	6	1	0	0	0	0	0	1 399 000	862 000			
	30		本年累计		2	0	4	6	0	0	0	0	0	0	12 684 000	7 776 000			
12																			

其他业务成本明细账

二级科目编号及名称 ______　　总第 ____ 页　分第 ____ 页

2019年 月	日	凭证字号	摘要	借方 亿	千	百	十	万	千	百	十	元	角	分	（借）方金额分析 材料销售	资产租赁			
11			承前页				1	3	6	0	0	0	0	0	114 000	22 000			
	30	转30	结转费用至本年利润账户					1	5	1	0	0	0	0	12 900	2 200			
	30		本年累计				1	3	6	0	0	0	0	0	114 000	22 000			
12																			

税金及附加 明细账

二级科目编号及名称 总第 页 分第 页

2019年		凭证字号	摘要	借方										（借）方金额分析				
月	日			千	百	十	万	千	百	十	元	角	分	城建税	教育费附加	房产税	印花税	
11			承前页			4	2	0	0	0	0	0	0	216 650	92 850	110 250	250	
	30	转30	结转费用至本年利润账户				3	0	8	5	0	0	0	21 560	9 240	0	50	
	30		本年累计			4	2	0	0	0	0	0	0	216 650	92 850	110 250	250	
12																		

销售费用明细账

二级科目编号及名称　　　　　　　　　　　　　　　　总第　　页　分第　　页

2019年 月	日	凭证字号	摘要	借方 千	百	十	万	千	百	十	元	角	分	（借）方金额分析 办公费	广告费	运输费	工薪费	折旧费	
11			承前页		2	1	4	5	0	0	0	0	0	25 600	789 000	366 000	729 600	234 800	
	30	转 30	结转费用至本年利润账户			1	7	2	1	6	0	0	0	2 840	87 600	14 520	41 100	26 100	
	30		本年累计		2	1	4	5	0	0	0	0	0	25 600	789 000	366 000	729 600	234 800	
12																			

管理费用　明细账

二级科目编号及名称　　　　　　总第　　页　分第　　页

2019年 月	日	凭证字号	摘要	借方 千	百	十	万	千	百	十	元	角	分	差旅费	修理费	工薪费	水电费	折旧费	无形资产摊销
11			承前页		2	5	7	2	6	0	0	0	0	118 400	492 600	1 242 600	92 400	568 000	58 600
	30	转30	结转费用至本年利润账户			2	5	8	6	1	6	0	0	13 046	54 700	112 000	9 260	63 100	6 510
	30		本年累计		2	5	7	2	6	0	0	0	0	118 400	492 600	1 242 600	92 400	568 000	58 600
12																			

财务费用 明细账

二级科目编号及名称 总第 页 分第 页

2019 月	日	凭证字号	摘要	借方 千	百	十	万	千	百	十	元	角	分	（借）方金额分析 工本费	利息收入	利息支出	手续费		
11			承前页			1	1	9	9	0	0	0	0	650	21 200	138 506	1 944		
	30	转 30	结转费用至本年利润账户				1	2	6	0	4	0	0	72	—	12 380	152		
	30		本年累计			1	1	9	9	0	0	0	0	650	21 200	138 506	1 944		
12																			

信用减值损失 明细账

二级科目编号及名称 总第 页 分第 页

2019年 月	日	凭证字号	摘要	借方	（借）方金额分析 坏账损失				

营业外支出 明细账

二级科目编号及名称 总第 页 分第 页

2019年 月	日	凭证字号	摘要	借方	（借）方金额分析 捐赠支出	罚没支出	非常损失	盘亏损失	
11			承前页	238 600.00	105 600	8 670	76 130	48 200	
	30	转30	结转费用至本年利润账户	26 460.00	11 700	960	13 800		
	30		本年累计	238 600.00	105 600	8 670	76 130	48 200	
12	19	付15	向红十字会捐款	124 000.00	124 000				
	27	付24	支付消防不达标罚款	62 360.00		62 360			
	31	转31	结转费用至本年利润账户	186 360.00	124 000	62 360			
			本年累计	424 960.00	229 600	71 030	76 130	48 200	

明细账

二级科目编号及名称..................　　　　总第......页　分第......页

年		凭证		摘要	对方科目	借方金额											贷方金额											借或贷	余额											✓
月	日	种类	号数			亿	千	百	十	万	千	百	十	元	角	分	亿	千	百	十	万	千	百	十	元	角	分		亿	千	百	十	万	千	百	十	元	角	分	

明细账

二级科目编号及名称..................　　　　总第......页　分第......页

年		凭证		摘要	对方科目	借方金额											贷方金额											借或贷	余额											✓
月	日	种类	号数			亿	千	百	十	万	千	百	十	元	角	分	亿	千	百	十	万	千	百	十	元	角	分		亿	千	百	十	万	千	百	十	元	角	分	

所得税费用——所得税费用　　明细账

二级科目编号及名称　　　　　　　　　　总第　　页　分第　　页

2019 年 月	日	凭证字号	摘要	对方科目	借方金额	贷方金额	借或贷	余额	✓
11	30		承前页		1255000.00	1255000.00	平	θ	
	30	转 31	计算应交所得税		145000.00				
11	30	转 32	结转所得税费用至本年利润			145000.00			
			本月合计		145000.00	145000.00	平	θ	
			本年累计		1400000.00	1400000.00	平	θ	
12									

郑重声明

高等教育出版社

教学资源索取单

尊敬的老师：

您好！

感谢您使用李占国主编的《基础会计学综合模拟实训（第四版）》。为便于教学，本书另配有课程相关教学资源，如贵校已选用了本书，您只要添加服务 QQ 号 800078148，或者把下表中的相关信息以电子邮件或邮寄方式发至我社即可免费获得。

我们的联系方式：

联系电话：(021)56718921/56718739

服务 QQ：800078148（教学资源）

地址：上海市虹口区宝山路 848 号

电子邮箱：800078148@b.qq.com

会计教师论坛 QQ 群：116280562

邮编：200081

<table>
<tr><td>姓　名</td><td></td><td>性 别</td><td></td><td>出生年月</td><td></td><td>专　业</td><td></td></tr>
<tr><td>学　校</td><td colspan="3"></td><td>学院、系</td><td></td><td>教研室</td><td></td></tr>
<tr><td>学校地址</td><td colspan="5"></td><td>邮　编</td><td></td></tr>
<tr><td>职　务</td><td colspan="3"></td><td>职　称</td><td></td><td>办公电话</td><td></td></tr>
<tr><td>E-mail</td><td colspan="5"></td><td>手　机</td><td></td></tr>
<tr><td>通信地址</td><td colspan="5"></td><td>邮　编</td><td></td></tr>
<tr><td>本书使用情况</td><td colspan="7">用于________学时教学，每学期使用________册。</td></tr>
</table>

您对本书的使用有什么意见和建议？

您还希望从我社获得哪些服务？

- ☐ 教师培训
- ☐ 教学研讨活动
- ☐ 寄送样书
- ☐ 获得相关图书出版信息
- ☐ 其他________________________________

东海市童莉食品公司

记账凭证封面

第	册
共	册

自　　年　　月　　日至　　年　　月　　日

凭证名称	凭证起讫号码		凭证张数	附件张数	备注
	自	至			

会计档案	全宗号	目录号	案卷号	保管年限

财会主管　　　　装订

抽出凭证记录

抽出日期			抽出凭证名称	抽出原因	抽出人签字	经管人签字	归还日期			收件人
年	月	日					年	月	日	

东海市童莉食品公司

记 账 凭 证 封 面

自 年 月 日至 年 月 日

第 册
共 册

凭证名称	凭证起讫号码		凭证张数	附件张数	备注
	自	至			

会计档案	全宗号	目录号	案卷号	保管年限

财会主管 装订

抽 出 凭 证 记 录

抽出日期			抽出凭证名称	抽 出 原 因	抽出人签字	经管人签字	归还日期			收件人
年	月	日					年	月	日	

东海市童莉食品公司

记　账　凭　证　封　面

第	册
共	册

自　　年　　月　　日至　　年　　月　　日

凭证名称	凭证起讫号码		凭证张数	附件张数	备注
	自	至			

会计档案	全宗号	目录号	案卷号	保管年限

财会主管　　　　装订

抽出凭证记录

抽出日期			抽出凭证名称	抽出原因	抽出人签字	经管人签字	归还日期			收件人
年	月	日					年	月	日	

东海市童莉食品公司

日　　记　　账

（库存现金、银行存款）

东海市童莉食品公司

2019 年度

装　订

账簿启用及接交表

单位名称	
账簿名称	（第　　册）
账簿编号	
账簿页数	本账簿共计　　页（本账簿页数 检点人盖章　　）
启用日期	公元　　年　　月　　日

经管人员	单位主管		财务主管		复核		记账	
	姓名	盖章	姓名	盖章	姓名	盖章	姓名	盖章

接交记录	经管人员		接管				交出			
	职别	姓名	年	月	日	盖章	年	月	日	盖章
备注										

日记账封底

单位名称	东海市童莉食品公司			东海市童莉食品公司（印章）
账簿名称	总账			
所属年度	年度	装订册次	第　　册（共　　册）	
起讫页码	自　　第　　页至第　　页（共　　页）			

经管人员	单位主管		财会主管		记账		装订	
	姓名	盖章	姓名	盖章	姓名	盖章	姓名	盖章
备注								

会计档案					
	自　年　月　日至　年　月　日止				
	册内共　　页（张）　　保管期限				
	全宗号	目录号		案卷号	

装　订

目　录

总账封底

订

装

单位名称	东海市童莉食品公司							
账簿名称	明细账							
所属年度	年度		装订册次		第　　册（共　　册）			
起讫页码	自　　第　　页至第　　页（共　　页）							
经管人员	单位主管		财会主管		记　账		装　订	
	姓名	盖章	姓名	盖章	姓名	盖章	姓名	盖章
备注								

会计档案	自　年　月　日至　年　月　日止				
	册内共　　页（张）　　保管期限				
	全宗号	目录号		案卷号	

目 录

编号	会计科目	起讫页码	编号	会计科目	起讫页码	编号	会计科目	起讫页码
1121	应收票据		1122	应收账款		1123	预付账款	
1231	其他应收款		1241	坏账准备		1402	在途物资	
1403	原材料		1406	库存商品		1601	固定资产	
1606	在建工程		1701	无形资产		2001	短期借款	
2201	应付票据		2202	应付账款		2205	预收账款	
2211	应付职工薪酬		2221	应交税费		2231	应付利润	
2232	应付利息		2241	其他应付款		4001	实收资本	
4101	盈余公积		4103	本年利润		4104	利润分配	
5001	生产成本		5101	制造费用		6001	主营业务收入	
6051	其他业务收入		6301	营业外收入		6401	主营业务成本	
6402	其他业务成本		6405	税金及附加		6601	销售费用	
6602	管理费用		6603	财务费用		6702	信用减值损失	
6711	营业外支出							

明细账封底

装订

东海市童莉食品公司

东海市童莉食品公司

会　计　报　表

（资产负债表、利润表）

2019 年度

会计报表封底

年
月 第 号至第 号 第 册
共 册

年
月 第 号至第 号 第 册
共 册

年
月 第 号至第 号 第 册
共 册

年
月 第 号至第 号 第 册
共 册

包角使用说明：

该面朝上，与凭证左上角对齐，在红点处打孔、穿线并结紧后，沿折叠线往上折，将角的两翼往后折并用胶水粘紧。

穿孔

折叠线

沿虚线(打孔线)裁下成两个十字包角

包角使用说明：

该面朝上，与凭证左上角对齐，在红点处打孔、穿线并结紧后，沿折叠线往上折，将角的两翼往后折并用胶水粘紧。

穿孔

折叠线

沿虚线(打孔线)裁下成两个十字包角

包角使用说明：

该面朝上，与凭证左上角对齐，在红点处打孔、穿线并结紧后，沿折叠线往上折，将角的两翼往后折并用胶水粘紧。

包角使用说明：

该面朝上，与凭证左上角对齐，在红点处打孔、穿线并结紧后，沿折叠线往上折，将角的两翼往后折并用胶水粘紧。